日本商务礼仪

（第二版）

高田 拓(日) 顾 春◎编著

日本のビジネスマナーを学ぶ

華東理工大學出版社
EAST CHINA UNIVERSITY OF SCIENCE AND TECHNOLOGY PRESS
·上海·

日系企業に就職したい方、
日本企業と取引のある方の必読書

图书在版编目（CIP）数据

日本商务礼仪/（日）高田拓，顾春编著．—2 版．—上海：华东理工大学出版社，2013.7（2024.1 重印）
ISBN 978－7－5628－3604－9

Ⅰ.日… Ⅱ.①高田…②顾… Ⅲ.商务-礼仪-日语-职业教育-教材 Ⅳ.H36

中国版本图书馆 CIP 数据核字（2013）第 142630 号

日本商务礼仪（第二版）

编　　著 / 高田　拓（日）　顾　春
责任编辑 / 顾翌清
责任校对 / 陈孟昀
封面设计 / 陆丽君
出版发行 / 华东理工大学出版社有限公司
地　　址：上海市梅陇路 130 号，200237
电　　话：（021）64250306（营销部）
（021）64252001（编辑室）
传　　真：（021）64252707
网　　址：press.ecust.edu.cn
印　　刷 / 广东虎彩云印刷有限公司
开　　本 / 710mm×1000mm　1/16
印　　张 / 11.75
字　　数 / 237 千字
版　　次 / 2013 年 7 月第 2 版
印　　次 / 2024 年 1 月第 7 次
书　　号 / ISBN 978－7－5628－3604－9
定　　价 / 30.00 元

联系我们：电子邮箱 press@ecust.edu.cn
官方微博 e.weibo.com/ecustpress
淘 宝 网 http://shop61951206.taobao.com

序

中国实行改革开放三十年来，经济高速发展，进出口贸易、技术交流和相互投资日益繁盛。我国与日本的经济贸易规模逐年扩大，日资企业以及与其有业务往来的中国企业达到了相当大的规模，越来越多的人在这些企业中工作，特别是通晓中日两国商务礼仪和规范的人才越来越受到用人单位的欢迎。他们是中日两国经济交流和企业发展不可缺少的部分，在中日两国友好交流事业中占有重要的地位。

《日本商务礼仪(第二版)》一书就是为希望到日资企业或与其有业务往来的企业就职的大学生以及社会人士而编写的。与目前已经出版的类似图书相比较，本书的特点在于，它重视文化背景在商务交流中的作用，只有相互尊重对方的文化，才能有硕果累累的交流成果。秉承这样的原则，编者将在日本企业实际采用的对员工的教育内容及模式纳入书中，目的在于使没有日本文化背景的中国人了解日本企业对员工的要求，掌握在日资企业工作需要的规范，以便更好地完成所承担的工作任务。本书的结构清楚地体现了这一意图。

任何人一进入公司就是独立的社会人，应该有与学生不同的心态和表现；简历的制作和面试的准备是否充分是能否进入目标企业的关键；了解日资企业对员工的培训流程，对企业需要什么样的人才会有更深入的理解，这反过来对就业活动大有益处，对调整个人的心态和革新意识所起的作用不言而喻。特别指出的是，本书并不是把日本企业员工的教育模式及内容照抄照搬，而是注重中国和日本两国存在的文化差异，并努力增进对这种差异的理解，试图实现更有效的跨文化交流。因此，本书的编者由有实战经验的日本人和对中国文化有深入研究和理解的中国人共同担任。

外国人与日本人进行商务活动时，常常对日本特有的文化以及源于此的商务规范感到困惑。此书从革新意识实现更有效的跨文化交流的角度，运用了大量的商务活动实例，帮助学习者增进认识和理解，进而运用到实践中。这也是此书注重实用原则的突出表现之一。

相信这本《日本商务礼仪(第二版)》一定能够对希望到日资企业就职的广大高校学生和社会人士有很大帮助，也能够为日资企业广大从业人员在工作上取得更大发展起到借鉴作用。

北京第二外国语学院
日语学院教授　江新兴
2013 年 6 月 6 日

前書

意識の革新が進歩をもたらします

従来の旧態依然とした国営企業の百貨店はここ10年ほどで市場から姿を消しました。暗い店内、埃まみれの商品、商品説明のできない店員、皆さんはこのような商場で商品を買いたいと思いますか?

ある有名な日系化粧品メーカーは面接で必ず「あなたは誰から給料をもらうのですか?」と質問します。あなたはどう答えますか?

そうです。「会社ではなく、商品を買って頂くお客様があなたの給料を払うのです。」これは「売ってやる」から「お客様に買って頂く」意識革新の具体的一例です。

中国は改革開放からまだ30年、2001年WTOに加盟して10年ほどです。しかし、実社会の企業ではグローバルスタンダード(世界基準)といわれる共通のルール・価値観で動いています。中国の常識は世界の非常識となっている部分がまだまだあります。

ビジネス社会には社会人として、また一人の人間として心得なければならないマナーがあるのです。あなたもこうしたマナーを知り、実践し、意識を革新しなければ進歩はありません。

この本は企業への就職、特に日系企業への就職を考えている中国人学生・社会人向けに作られた本です。

現在中国で仕事をしている日本の企業・団体は既に3万社を超えています。その社員数は膨大な数になります。日本株式市場の上場企業の大半、部品関連企業から最近は卸・小売業、サービス業まで中国で仕事をしています。さらに、日本企業から、業務を委託されている企業や相互に取引関係にある企業まで含めたらその数は膨大になります。こうした企業で働きたい方、転職したい方にはぜひともこの本を読むことをお勧めします。

この本の特長:

1. 日本で行われている実際の社員教育を取り入れました

日本の新入社員がビジネスの現場、現物、現実で実際に受けている教育そのものです。従ってこの本に書いてあることを実践できるようになれば、就職に有利であるばかりでなく、就職後もあなたの評価はきっと大いに高まるでしょう。

2. ビジネス社会での実例を豊富に紹介しています

実際のビジネス社会での実例を豊富に紹介することにより、この本の内容を具体的に理解できるようにしました。また事例を知ることにより、実際に就職してから実務ですぐに役に立つ内容にしています。

3. 中国人の実情に合わせて制作された中日の共同著作です

中日ビジネス経験の豊富な日本人と、中日文化に詳しい中国の大学で日本語教師をしている中国人との共著があなたの理解を高めます。

日本語を学ぶことは日本の文化を学ぶこと

この本は単に個人のビジネスマナーや実務能力を上げるだけでなく、日本人や日本社会の価値観、文化的背景を皆さんに感じ、学んで欲しいと願っています。日本語を学び、日本企業に勤めたいと願っているあなた方のお役に立てることが、私どもの無上の喜びです。

高田　拓　顧　春

2013年6月6日

目次

基本編

社会人としての自覚編

就職活動編

目次

目次

基　本　編

第1章

言葉を学ぶことは文化を学ぶこと

日本人は宗教を持っていないとよく言われます。しかし本当にそうでしょうか？ 古くから農耕民族として自然との共生の中、自然は人々に多くの恩恵をもたらしますが、時には災害をもたらします。台風、地震、火山など自然災害が多い日本では、自然は人知の及ばないところにあって、多くの神が存在し、八百万の神として畏怖されました。

日本人は食事のときに「いただきます」、「ご馳走様でした」と手を合わせます。これはお百姓さん（農民）や漁民たちへの感謝とともに、良い天候を恵んでくれた神様、日夜働いてくれている両親、家族への感謝の表れなのです。家庭で子供たちはご飯を一粒残さず食べるように両親から躾をされました。中国では食事のときに、こうした感謝の言葉をあまり聞きません。言葉を学ぶことはその国の文化を学ぶことなのです。

中国と日本の漢字文化交流

もともと日本には文字はありませんでした。約二千年前に漢字を書いた文物が中国から入ってきました。しかし、日本人自身が本格的に漢字を使ったのは620年に編纂した「天皇記」と「国記」です。その後、遣唐使や遣隋使を通じて中国の文化が伝わってきました。

日本の漢字は今でもその時代に伝わった当時の漢字の意味を持っています。古代の「赤、立、日、臥、食」は現代中国語では「红、站、太阳、睡、吃」に変わっています。しかし日本では古代漢語の意味で漢字が使われています。そのほか「好」（好き）は「喜欢」、「走」（走る）は「跑」、「湯」は「热水」のままで使われています。

十七世紀の江戸時代は武士や僧侶だけでなく町人も漢文学習を盛んに行い

ました。街の本屋で『孫子』『戦国策』『唐詩選』『十八史略』等がロングセラーとなり、『三国志演義』『水滸伝』も庶民に大人気でした。今でも地方の旧家には『論語』が残っています。医書の『本草綱目』もこのころ伝わりました。

明治時代になると西洋近代の学問を翻訳する過程で考案された日本漢語が生まれました。「科学」「技術」「哲学」「自由」「権利」「義務」「宗教」「進化」「経済」「人民」「共和国」「宇宙」「原子」「革命」「共産主義」「階級」などです。現代中国語のなかの社会科学に関する語彙の多くはこの日本漢語なのです。

これらの漢字の交流はお互いに強制されたわけでは全くありません。時代の潜在的要求が高まり社会的条件が整ったときにお互いがそれぞれに取り入れていった結果なのです。

2008年ノーベル物理学賞を受賞した米国シカゴ大学、南部陽一郎名誉教授の座右の銘は、孔子の「学而不思則罔　思而不学則殆」(学びて思わざれば則ち罔し、思いて学ばざれば則ち殆うしです)です。せっかく学んでも、自分で考えてみないと知識は確かなものにならない。他方、自分ひとりで考えるばかりで他者から学ぶことをしなければ、独善になって危険であるということです。皆さん学生も学ぶと思考することを両立してください。日本の高校には「漢文」の授業があり、漢詩なども学んでいます。

武士道精神

単なる武芸の達人だけではなく、人間として高い倫理感を持った精神を表しています。自己に高い矜持を持ち、他人が見ていようが、見ていなかろうが、守るべき規範はきちんと守る。また、災害時には自分の身を顧みず他人のために尽くすといった崇高な自己犠牲の精神も合わせ持っています。現代に生きる日本人の精神的規範を支えています。

この「道」はこのほか、茶道、華道、柔道、剣道、相撲道…がありますが、単なる専門だけではなく、いずれも人間としての精神修養、高い倫理観が、ここには存在しているのです。

参考：「カンゴロンゴ」：カンゴロンゴと名乗るおじさんが、論語のお言葉を武器に現代日本の悩みに立ち向かう新感覚バラエティ番組。

視点・論点～高田

我最喜欢的节目

— 介绍我家传统的新年仪式 —

小时候，日本的很多家庭都很穷，我们家开了一家小商店，经营水果和饼干，也属于贫困家庭。孩子们帮忙做家务是理所应当的。我们家有一种独特的传统新年仪式，我给大家介绍一下。

大年三十晚上，家里人准备好初二要出售的货物，八点钟收看电视节目“红白歌赛”，一边看一边吃除夕的荞麦面条。看完以后开始做月度结算，我也帮他们做，一直要忙到深夜三点钟。大年初一七点钟起床，洗澡换新衣服，互相拜年、吃年糕，庆祝元旦。爷爷奶奶、父母和长辈们会给我压岁钱，大概每人一两百日元，总共一千日元左右。我特别高兴，拿压岁钱买些玩的东西。家长去亲戚朋友家拜年，下午四点钟回来。回来以后，就开始做家庭资产负债表，计算一下比前年好了多少。初二早上六点开始工作。新年休息只有一天，但是给我留下了很深的印象。初一做家庭资产负债表，已经成为我家独特的传统新年仪式。

回顾自己走过的历程，20 世纪 70 年代我结婚的时候，没有余钱、月工资低（六万日元左右），除了必要的几件家具以外，我们买的家电也是最便宜的。那时候工作很忙，每天下班时间常常是十一点左右，有时还超过十二点，一年才休息大约 15 天。房子也是租的，前后搬过十三次家。但是经过我们的努力，家里渐渐富裕起来了。不过，我还保留着以前的新年习惯。初一除了继续做家庭资产负债表、计算比上一年好了多少以外，还要确认加入的各种各样的保险。在此基础上，我还跟妻子一起商量制订新一年的计划，比如：买车、大型家电和房子，买卖土地，预算孩子们的教育经费、打高尔夫球的费用、买股票所需资金、保险和养老金等等。

真是不容易呀！1989 年我们买了山间小屋，1995 年又买了公寓（88 平方米），现在总算过上了宽裕的生活（马马虎虎吧）。

1997—2002 年我在中国工作期间，得到了很多中国人的帮助和照顾，我衷心地感谢他们的真诚和好意。所以回国以来，我尽微薄之力帮助从中国来的留学生。

现在我觉得不需要太多的钱。自己的人生是自己负责的，不要后悔自己所做的事。听说现在中国“向钱看的人”很多，可是有钱人不一定幸福。“没有经济的道德是玄虚，没有道德的经济是罪恶”。

新的一年快要到了。我希望趁此机会大家再重新审视一下自己的人生。

“明天会更好”。

視点・論点～顧春

日本に行ってしばらくたった頃のことです。

毎日新鮮なものを食べたい私は、その日に入荷した新鮮な食材を買うために毎日スーパーへ行きました。夕方のスーパーはいつも買い物客で混んでいます。しかし、いくらお客さんが多くても、行列が長くても、店員は非常に丁寧に商品を箱の中に並べ、礼儀正しく挨拶し、何回もお金を数え、お客様にお釣を渡しています。このように混雑している時だと、私はついいらいらしてしまいます。「そんなに丁寧にしなくても、少しでも早くしてくれれば、これほど待たなくてもすむものなのに…」

日本にしばらくいると、自分の考えが変わってきました。

サービス精神というのは、買っていただくお客様に対し感謝の気持ちを込めて、言葉と行動で恩返しをするものです。このように考えることで、お客さんがどんなにいやらしくても、笑顔でサービスできるのです。だから、日本にいると、足を踏まれても笑顔で「すみません」と言えたり、だまされることを心配せずつい人を応援したり助けたりできるのです。朝起きて、「きれいな日差しだなぁ、今日はどんな人に、どんなことに出会えるだろうか」と、心のすみずみまで楽しくなります。

中国でも調和のとれている社会を目指しています。新しい時代にあった制度をつくり、環境を整え育てることも大事ですが、私たち一人一人が意識を変えていかなければなりませんね。

豆知識

中日友好都市：主な友好都市

現在、中日間には300を超える友好都市があります。

省・都市	都市名	省・都市	都市名	省・都市	都市名
北京市	東京都	上海市	神奈川県横浜市	河南省	三重県
天津市	北海道函館市	上海市	大阪府	郑州市	埼玉県さいたま市
天津市	千葉県千葉市	上海市	大阪府大阪市	武汉市	大分県大分市
天津市	三重県四日市市	江苏省	愛知県	湖南省	滋賀県
天津市	兵庫県神戸市	江苏省	福岡県	长沙市	鹿児島県鹿児島市
河北省	長野県	南京市	愛知県名古屋市	广东省	兵庫県

（续表）

省・都市	都市名	省・都市	都市名	省・都市	都市名
河北省	鳥取県	浙江省	栃木県	广州市	福岡県福岡市
石家庄	長野県長野市	浙江省	福井県	广西壮族自治区	熊本県
山西省	埼玉県	浙江省	静岡県	海南省	兵庫県
太原市	兵庫県姫路市	杭州市	埼玉県狭山市	重庆市	茨城県水戸市
呼和浩特市	愛知県岡崎市	杭州市	埼玉県上尾市	重庆市	広島県広島市
辽宁省	神奈川県	杭州市	福井県福井市	四川省	山梨県
辽宁省	富山県	杭州市	福井県小浜市	四川省	広島県
沈阳市	北海道札幌市	杭州市	岐阜県岐阜市	成都市	山梨県甲府市
沈阳市	神奈川県川崎市	杭州市	京都府向日市	昆明市	神奈川県藤沢市
吉林省	宮城県	杭州市	島根県松江市	陕西省	京都府
长春市	北海道千歳市	安徽省	高知県	陕西省	香川県
长春市	岩手県金ヶ崎町	合肥市	久留米市	西安市	千葉県船橋市
长春市	宮城県仙台市	福建省	長崎県	西安市	福井県小浜市
黒龙江省	北海道	福建省	沖縄県	西安市	京都府京都市
黒龙江省	新潟県	福州市	長崎県長崎市	西安市	奈良県奈良市
黒龙江省	山形県	福州市	沖縄県那覇市	甘肃省	秋田県
哈尔滨市	北海道旭川市	江西省	岐阜県	兰州市	秋田県秋田市
哈尔滨市	新潟県新潟市	江西省	岡山県	宁夏	島根県
		江西省	広島県	银川市	島根県松江市
		山东省	和歌山県	哈密市	富山県入善町
		山东省	山口県	吐鲁番市	山梨県勝沼町
		济南市	和歌山県和歌山市		

視点・論点～顧春

日本に住んでしばらく経つと、「夜不闭户　路不拾遗」というぐらい安心して生活できるようになります。それはそれで、どこへ行っても、人の言う事を素直に聞いても大丈夫と思い込んでしまいます。

足を椅子にぶつけ小さいつぶが出きました。一ヶ月経っても治りません。しょうがなく近くの市立病院へ行きました。自動カード機で診察カードを作り、さらに教授の診察予約も簡単にでき、診察室の外で待っていました。

先生はとても親切な若い人でした。丁寧に事情を聞いた後、「表面は問題ないですが、不安なら、レントゲン検査をします。」「はい～」先生の言う事だから間違いない。

レントゲンの結果はすぐ出ました。先生が見て、「骨には問題ないな。」「そうですね、私も骨の問題じゃないと思います。でも一ヶ月も肉が痛くて、それはどうしてですか？」

「筋肉や皮膚組織の問題なら、MR検査でしか分からないな。」、「MR検査って？」、「簡単に細胞まで見分ける検査です。」

ただのつぶだから、簡単な検査と思って、検査の手続きをし、診察日を予約しました。

検査室に入って初めて、「MR検査：磁気と電波を使ってあらゆる方向から体の断面図を撮影する検査」のことと分かりました。ただのつぶなのに、MR検査までする必要があるのかと思ったのですが、逆に考えると、私のような貧乏な留学生でも簡単にMR検査ができる日本社会の豊かさ、医療水準の高さに「納得」しました。

国民健康保険で医療費は国が70%を支払います。必要のない過剰医療支出は結局、納税者の負担になります。日本は健康保険制度の赤字問題を抱えています。

中日文化の相違

1.「㎡（平方メートル）」～えっ！　同じ100㎡でも面積が違うの？

「㎡」は世界統一の面積の単位です。中国でも日本でもその面積は同一です。でも、販売しているマンションの面積は同じ100㎡でも中日間では違うのです。

日本では柱の内のりから内のりで面積を表し、買った人が実際に使える面積です。またベランダや廊下などは共用部分であって、その面積には入りません。ベランダはもし火災が発生したら、けり破って隣家のベランダに逃げることができる共用部分なのです。

中国では柱の中心から中心、もちろんベランダや廊下も含まれます。ですから中国で100 ㎡のマンションは、日本の75 ㎡くらいの広さなのです。中国では内装は自分で施工するのが一般的です。こうした商習慣の違いで同じ100 ㎡でも広さが異なるのです。

2. えっ！ 日本では「つまらない物」をプレゼントするの？

日本人は、人に物を贈る時、たとえそれが探し回った高価な物であっても、しばしば「つまらない物ですが、」とか「粗品ですが、」と言うでしょう。もちろん「つまらない物」や「粗品」を贈るわけではなく、相手を一段と高く見て、あなたにとっては「粗品」かもしれないと、自分を謙遜し低くするものの言い方なのです。

中国人は、贈り物をする時に「これはあなたのために、いくつもの商店を探し回って、やっと見つけて買ったのよ。」と言うでしょう。これは相手に対して自分の感謝の気持ちを精一杯に表現するのです。

3. えっ！ ついでにお見舞いにきたの？

入院した友人などのお見舞いに行く時、日本人は「近くに用事で来たので、お見舞いに立ち寄りました。」もし入院しているのが中国人だったら、「じゃあ、もし近くに来る用事が無かったら、私のお見舞いには来なかったの？！」と怒りがこみ上げるでしょう。

中国人はこのようには言いません。「ずっと来ようと思っていたけど、忙しくてなかなか時間が取れなかった。でも今日はあなたのために、やっと半日休みを取ってわざわざお見舞いにきたの。」と言うでしょう。もし入院しているのが日本人なら「わざわざ私のために」と憂鬱になってしまいます。

日本人の場合、実際はお見舞いのためだけに行ったのですが、「近くに用事で来たので」と言って、相手の気持ちにできるだけ心理的な負担を掛けないように、自分の行為を少しでも取るに足らないように言います。中国人は常に自分の真心をはっきり示すために、できるだけ大げさに自分の誠意を言い表すのです。

4. えっ！ 食事に誘われたのに「わりかん」なの？

日本では友人、同僚で一緒に食事をする時、勘定はたいてい割り勘です。ですから、退社後「食事に行こう。」と誘われてもお客として招待してくれるのとは違います。ご馳走をすることで親しさを表すという発想はあまりありません。また割り勘にしたからといってあなたを疎遠に思っているわけではありません。

中国では食事をご馳走するのは、親しい関係を持ちたいとか、何かお願いがある場合が多いのです。このような習慣から中国では誘った人が支払うのが一般的です。

日本でも上司が食事に誘ってくれた時は上司が支払うのが一般的です。また、男性が女性をデートに誘った時は男性が支払います。

▶▷▷ 視点・論点～高田

学而不思则罔，思而不学则殆

——日本3名专家荣获诺贝尔物理学奖

最近一段时间，日本股市暴跌，社会上蔓延着悲观消极的情绪。在这样的背景下，日本3名专家独占诺贝尔物理学奖之鳌头，总算是消极话题中一条令人振奋的好消息。

其中，获得奖项的高能加速器研究机构（高能研）的小林诚名誉教授（64岁）和京都产业大学理学部的益川敏英（京都大学名誉教授）（68岁）特别高兴地谈到，30多年前的研究成果今天终于得到了国际社会的认可，他们为此感到由衷的高兴。在经济萧条的惨淡局面下，这真是一段振奋人心的感言。

三人中最年长的美国芝加哥大学的南部阳一郎教授（87岁）称自己的座右铭是论语中的“学而不思则罔，思而不学则殆”，意思是如果光学习而不思考，就会迷惑于表面现象；如果光思考而不学习、自以为是，也很危险。

这句名言阐述了知识与思考的关系，孔子真不愧是千古之师。

对很多徒有知识而不去思考其含义、认识浅薄的人和只有思想却不能得到别人验证与认可的自命不凡的人来说，这条格言用来劝诫他们真是再合适不过了。

长期居住在美国的物理学家会把孔子的格言当作自己的座右铭，实在是令人惊奇而赞叹。这从另一个角度说明中国儒家思想对日本影响程度之深。

作为八十七岁高龄的老人，能在人生的最后阶段获此殊荣，实为日本国民及其本人之幸事。

第2章

笑顔と挨拶と感謝の心は幸福への三種の神器

笑顔と挨拶と感謝の心は幸福な人生への三種の神器です

日本では「笑う門には福来る」と言うことわざがあります。これは家族の仲が良く、いつもにこにこしている家には自然に幸運がめぐってくるという事です。(門は家、家庭のこと)

最近では医学的にも左脳は論理的なこと、右脳は情緒的なことといわれ、笑いは右脳を活性化させるといいます。

中国でも笑いに関連したことわざがあります。「一笑解千愁」「千金难买一笑」「笑一笑,十年少;愁一愁,白了头」「抬手不打笑脸人」。中日問わずこのように笑顔はあなたの人生に幸福をもたらします。

挨拶は人生の潤滑油です。良き人間関係を築く基礎になるものです。挨拶の仕方であなたの印象は大きく変わります。

挨拶は、まず笑顔で、自分から先に、相手の目を見て、明るい元気な声で、言うのがポイントです。

こうした気持ちのいい挨拶ができるようになるには努力が必要です。毎朝、鏡の中の自分に挨拶してみることが大切です。挨拶ができない者は重要な仕事を任せてもらえません。それは会社では自分ひとりでは仕事が成り立たないからです。数多くの顧客、お得意先、関係先との良き人間関係を築かなければ成果が得られないからです。

Panasonicの創業者、松下幸之助は「感謝の心が高まれば高まるほど、それに正比例して幸福感が高まっていく」と話しています。相手に求めてばかりいてはこの感謝の心は起きません。自分が成果を挙げることができたのは、多くの方々のお陰と素直に感謝できる人は幸福です。さらに周囲の人々から大きな協力が得られ、より大きな成果が上がるだけでなく、周囲の方々をも幸せにするでしょう。

また、「幸福とは感謝の心」そのものと言われています。これは一生涯でどれだけ「ありがとう」と言えるか、言われるかでその人の人生の幸福度が決まるということです。単に自分の欲望を満たそうとするだけの人には決して幸福は訪れません。

私はよく中国映画を観ますが、「暖春」「我的兄弟姐妹」「幸福时光」は感動した映画でした。きっと皆さんもご覧になって感動したことでしょう。

さあ笑顔で言って見ましょう。「ありがとう」と。きっと世の中が明るく見えてくるはずです。

「人生に夢があるのではない、夢が人生を作るのだ」

あなたの夢は何ですか？　夢の実現には「笑顔、挨拶、感謝の心」が大切です。この三つがあれば周囲の人は必ずあなたの夢の実現に協力してくれます。そしてあなたからも幸せの輪が周囲の人に広がるのです。

▶>> 視点・論点～高田

我对所有日语学习者的三点建议：

1. 学习日语需要学习日本的文化，不理解其文化就不能理解其语言

要对日本文化产生兴趣，可以从任何方面入手，譬如宫崎骏的动画片《风之谷》、《天空之城》、《千与千寻》，漫画《樱桃小丸子》、《哆啦 A 梦》、《蜡笔小新》、《名侦探柯南》，明星滨崎步、中岛美嘉，茶道、插花、折纸、相扑、忍者、环境保护、处理垃圾、地震、新干线、富士山、北海道的自然风光、温泉、电视连续剧、电影、机器人、生鱼片、寿司、天麸罗、饭团等等。

2. "知之者不如好之者，好之者不如乐之者"

日语的学习从自己有兴趣的地方开始，这就是将日语学习坚持到底的窍门。如果你找日本人做男朋友、女朋友，3 个月就够了，你当然会说日语没问题。我是今年 35 岁的好大哥，可以做你的"男性朋友"（な～んだ朋友）。

3. 多听、多说、多写作文

以前我不会说汉语，可以说，我是中国的第 57 个少数民族——"三语族"。

“三语族”是什么？就是只会说三个单词“你好”“谢谢”“再见”的人。那么大家就从说“你好”「こんにちは」“早上好”「おはようございます」打招呼开始，逐渐互相熟悉，成为一家人吧。

多说的意义在于使用单词，活跃思维。看电影最初听不懂可是看得懂，多听是理解句子、语法的最好办法。

而写作文则可以养成查词典的习惯。

まず発声練習から

背筋(せすじ)を伸(の)ばし、あごを引(ひ)いて、口(くち)を大(おお)きく開(あ)けて、はっきり発音(はつおん)する。

わ	ら	や	ま	は	な	た	さ	か	あ
え	れ	え	め	へ	ね	て	せ	け	え
い	り	い	み	ひ	に	ち	し	き	い
う	る	ゆ	む	ふ	ぬ	つ	す	く	う
え	れ	え	め	へ	ね	て	せ	け	え
お	ろ	よ	も	ほ	の	と	そ	こ	お
わ	ら	や	ま	は	な	た	さ	か	あ
お	ろ	よ	も	ほ	の	と	そ	こ	お

あ：口(くち)を大(おお)きく開(あ)けて発音(はつおん)（人差(ひとさ)し指(ゆび)と中指(なかゆび)が上下(じょうげ)の唇(くちびる)の間(あいだ)に入(はい)るくらい）

い：口(くち)を狭(せま)く開(あ)け、唇(くちびる)を左右(さゆう)に引(ひ)く。舌(した)は上(うわ)あごちかくまで上(あ)げる

う：唇(くちびる)をあまり尖(とが)らせず、舌(した)を奥(おく)に引(ひ)っ込(こ)める

え：唇(くちびる)をやや左右(さゆう)に引(ひ)き、舌(した)を少(すこ)し持(も)ち上(あ)げるような感(かん)じで発音(はつおん)

お：口(くち)を丸(まる)く開(あ)ける。舌(した)を奥(おく)に引(ひ)っ込(こ)める

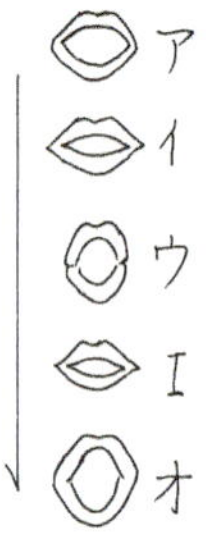

＊ きちんと発音できるまで繰り返し練習することが大事です。もう、「あいうえお」は卒業したと思っているあなた、きちんと発音できましたか？

＊ 日本でアナウンサーを目指している人は毎日、これを鏡に向かって大きな声で練習しているのです。

＊ 中国語学習の基本も発音の練習から始まるのと一緒です。

挨拶言葉（家庭編）

日常生活で挨拶の習慣を身につけよう

挨拶は毎日の習慣の積み重ねです。普段挨拶のできていない人は、とっさに挨拶ができないものです。また気持ちのこもっていない挨拶はすぐ見抜かれてしまいます。

挨拶のポイント

1．笑顔　2．自分から先に　3．相手の目を見て　4．明るい声で

	友人	目上の方に対して	
普段の日常会話	おはよう	おはようございます	会釈
	こんにちは	こんにちは	会釈
	それじゃ	それでは失礼します	会釈
	おやすみ	おやすみなさい	会釈
	ありがとう	ありがとうございます	会釈
食事前	いただきます	手を合わせるとさらに丁寧	
食事後	ご馳走様でした		

	挨拶	応対
出掛ける時	行ってきます	行ってらっしゃい
帰って来た時	ただいま帰りました	お帰りなさい
お礼	ありがとうございます	どういたしまして

お辞儀

お辞儀

最敬礼(45 度)

普通礼(30 度)

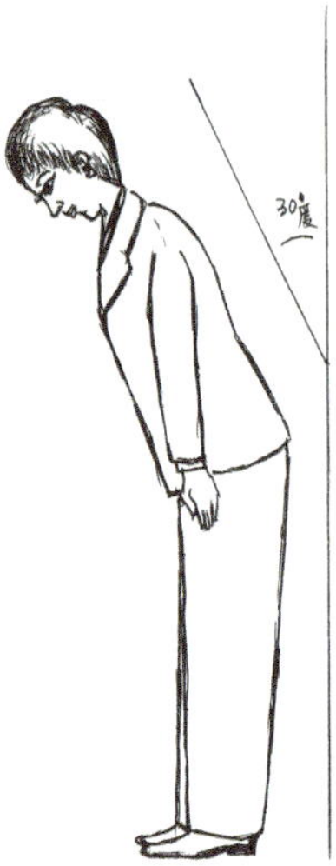

会釈(15 度)

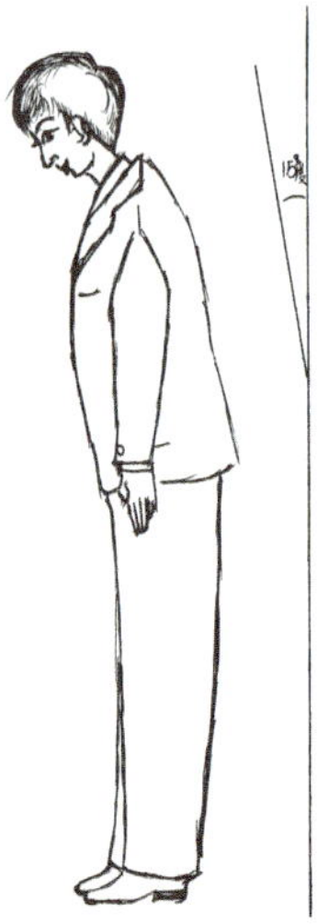

お辞儀の悪い例

頭だけ下げる

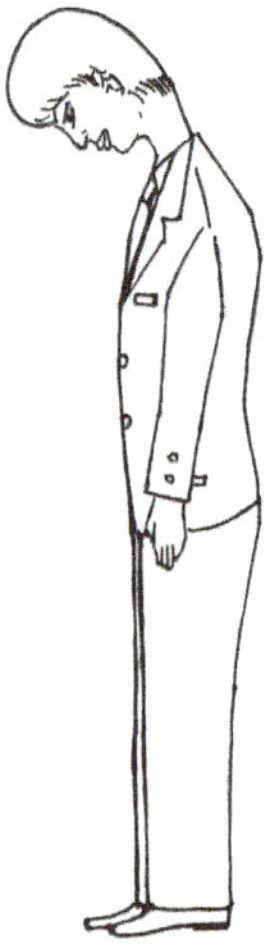

相手の顔を見たままお辞儀をする

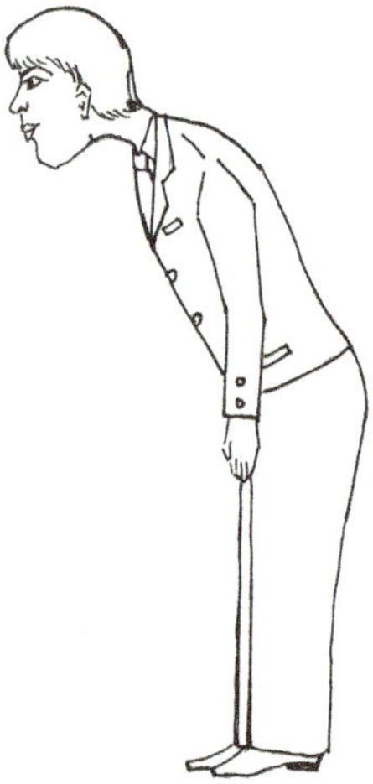

第3章

中国を紹介する

急速に発展する中国、そこには夢も希望も、そしてそこにはまた矛盾も挫折もあります。私はこうした中国が大好きです。皆さん自分自身の言葉で、祖国を、故郷を、家族を、自分の夢を紹介してください。

世界で3番目に広い国土(960万 km^2)、これは全ヨーロッパの約2倍近い面積であり、日本の約26倍の面積です。多くの天然資源に恵まれた国、世界自然遺産や文化遺産が数多くある国、世界一の人口(13億人)を有する国、56の民族が暮らしています。山東省(15.3万 km^2)をとってみても、日本の四国の面積の約8倍もあるのです。人口は9,579万人もいます。

「神舟5号」による有人衛星打ち上げ成功、北京オリンピック、上海世界博覧会、月探査船「嫦娥」、深海有人探査、改革開放から三十数年、経済の発展は著しく、2008年のGDPは世界第3位、2010年には日本を抜いて世界第2位になりました。その後も高度成長が続いています。沿岸部や大都市では多くの人々が住宅や自家用車が手に入る、夢と希望にあふれる時代になっています。

また現在、第12次五カ年計画(2011～2015年)が進められ、「民衆の生活改善」が進められています。習近平国家主席は「奮闘実現中国夢」を国民に呼びかけています。

その一方、貧富の差の拡大、三農問題、腐敗・汚職の蔓延、医療費の高騰、粉ミルク・地溝油等の食品安全問題、河川や大気などの深刻な環境汚染、農民工の子女教育問題、男女の出生比率のゆがみ、人口の老齢化、民族問題等々、課題も山積しています。

豆知識

発表訓練

テーマ：自分の故郷、家族、自己紹介、将来の夢を発表してください(2分程度で)

企業では多くの社員の前で自分の意見や考えを短い時間で要領よく発表することが求められます。朝会で所感を述べる、会議で自分の意見を述べる、初めて会う人に自己紹介をするなど日常的にこのような機会が数多くあります。

＊この訓練は、全体の内容を整理し、発表する能力を養う訓練です。

具体的な紹介の内容、将来の夢、発表態度、姿勢、表情、声の大きさ、話し方、聴衆への視線の向け方、聴衆の反応など、総合的なスピーチ能力向上を目指します。

＊発表の要点を簡潔に箇条書きで書いてください。(A4用紙一枚)

▶▶▶ 視点・論点～高田

中国の教育では先生が「私の言う通りにやりなさい」と学生に教え込むことが多いようです。でも、大学に入ったらそれだけではいけません。先生を超え、未知の世界を開くには自ら考え、実践し、広く世界に学ぶことが大切なのです。

ノーベル物理学賞の益川俊英教授は高校のとき数学や物理は得意でしたが、英語は苦手でした。大学入試でもどうせ英語は0点だから数学と物理で点数を取ろうと考え、見事に大学に合格しました。人には誰でも長所と短所があります。得意分野を伸ばせばその道の一流になれることを彼は証明したのです。

皆さんも、もう一度自分の長所を見つめ直してください。そこにあなたの夢を実現できるものがきっと見つかります。

相手に好感をもたれる話し方

1. 声をはっきり出す

明るい落ち着いた、はっきりした声は、すがすがしく聞き取りやすい上、相手に好感をもたれます。

小さい声、口ごもっている声は、相手に自信がない印象を与えます。相手は聞き取りにくいだけでなく、いらいらします。甲高い、上ずった声も相手に不快な印象を与えます。(テレビリポーターなどの甲高い声は耳障りですね)

2. 話すスピードは、速すぎず、遅すぎず

相手の理解しやすいスピードで話す。子供やお年寄りにはゆっくりと、ビジネスは適切な速度で話す。早口は相手に理解されないことが多く、独りよがりに聞こえてしまう。あまり遅い話し方は頭が悪い印象を与えます。

3. 一定のリズムとメリハリをつけて

生き生きと抑揚をつけて話すと相手にしっかり伝わるし、相手を話に引きずり込むことができます。抑揚がない話し方、リズムのない平板な話し方は相手を退屈させるだけです。

4. 語尾をはっきり言う

日本語は動詞が最後に来るので、語尾をはっきり言う必要があります。「～です」「～ではありません」と明確に最後まではっきり言うこと。特にビジネス現場では相手に誤解を招かないようにはっきり言うことが要求されます。

5. 内容をはっきり伝える

「多分、このように思いますが、違うところがあるかもしれません。」これでは何を言っているのか相手はさっぱり理解できません。あいまいな言葉使いは避けましょう。重要なポイントは箇条書きの要領で、きちんと話しましょう。

たとえば：重要なポイントは三つあります。第一点は…第二点は…

6. みんなのわかる言葉で話そう

ビジネスの場では、学生仲間で話すような仲間内の言葉、若者言葉、甘ったるい幼児語を使わない。TPOに応じてきちんと話をしましょう。

＊TPO：時(time)、場所(place)、場合(occasion)

参考：話す速さの目安

聞き手が安心して聞いていられる速さは一分あたり300字程度です。

▶▶▶ 視点・論点～高田

郷に入ったら郷に従え

宴会杂感

——“入乡随俗”的辛苦

在北京工作的时候，我去外地出差的机会很多，因此时常出席中方代表为我们举办的“欢迎宴会”。

记得去内蒙古包头的时候，穿着蒙古族服装的美少女双手托上洁白的“哈达”给我敬酒。俗话说“入乡随俗”，我也按照他们的礼节，先用右手的中指略微蘸些酒，然后朝着“天”、“地”及“自己的脑门”点些白酒，最后再喝上一小口。据说这种礼节是为了敬天神、地神和祖先。

蒙古美少女站在一旁放声歌唱，等我一碗白酒全部喝完，她的歌声才停。一碗白酒的量很多很多，她要唱三四首歌才行。在我终于喝完酒后，她才退席。但接着又有一名穿民族服装的男子端来了一碗白酒，我连忙说：“不要了，不要了……救命啊！”

去青海省西宁的时候，那里有一个独特的干杯仪式叫“六杯酒”。托盘上有六个白酒杯子。中方公司的总经理说：“您是来自远方的客人，所以我干三杯，您也干三杯吧！”

没办法，我只好“入乡随俗”了。那个公司有七个干部参加宴会，宴会中每个人都起身和我干“六杯酒”，我一个人一共喝了二十一杯白酒。此外，还有很多很多“为什么什么而干杯干杯……”不用说，我已经醉死了。

去新疆乌鲁木齐的时候，跟批发商一起举办订货会，会议取得了圆满的成功。批发商总经理高兴至极，为了表示对我们支持的谢意，他举办了“答谢宴会”。

餐厅的厨师先取来一条大蛇，然后端来特制的白酒，叫“红酒”和“绿酒”。这酒分别加进了那条大蛇的血和胆汁。我虽然不喜欢蛇，但在礼仪上不喝是失礼的，没办法，只好“入乡随俗”，一口喝干了特制的“红酒”和“绿酒”。

“答谢宴会”开始了。他们点的菜非常丰富，桌子上已经放不下了，盘上摞盘子再摞盘子。我示意：“这宴会的饭菜实在丰富，但我只有一个胃，没有四个胃，我已经吃得太饱太饱了，请不要再叫菜了。”但是，菜还是不停地上，最后大餐桌成了菜盘垒起的五层建筑。他们制造了“壮大的局面”。没想到这么多菜啊！虽说我老当益壮，像是一头牛，可也吃不了啊。谁能吃得了呀?！不用说，那时我已经吃“死”了，那也只不过吃了 1/8 左右的菜肴。

我觉得“入乡随俗”很辛苦。

夢をあきらめない

人生には夢が絶対必要だ

人生に夢があるのではありません。夢が人生を作るのです。さあ、あなたの夢を聞かせてください。卒業したらどんな仕事がしたいですか？ 単に「社会に貢献したい」「お金持ちになりたい」というような漠然とした空想ではなく、具体的にどんな仕事をしたいのですか？ 何になりたいのですか？ 夢を持ち、その夢に向かって努力し、実現できたら素晴らしいことではないでしょうか。皆さんの夢を語ってください。夢は人に話すことで、ますます自分の決心が固まります。

他人に負けてもいい、しかし自分に負けてはいけない、決して夢をあきらめない

皆さんは小学生の時から、ご両親から「一番になれ」と期待され、叱咤激励されたのではないでしょうか？ でも人にはそれぞれに特性があります。数学のできる子、作文のうまい子、足の速い子、歌のうまい子、手先の器用な子、優しい心を持った子、様々です。全ての分野で全て一番の子はいません。これからは自分の長所を生かしていけばいいのです。

大事なのは「他人に負けてもいい、自分に負けてはいけない、決して夢をあきらめない」ということです。もし麻薬や、万引きや、カンニングの誘惑に負

けたら、夢の実現は難しくなります。あなたの人生はそんな誘惑に負けるような安っぽい人生なのですか？ 夢をあきらめないことは自分に負けない強い心を持てることです。

あきらめない気持ちは、人を思うことで強くなります。また思われることで強くなります。サッカーの試合で3対0で負けていても、最後のロスタイムになっても点を取ることをあきらめない。一流の選手、一流のチームはこの強い心ー「決してあきらめない」を持っています。

失敗を恐れない

サーカーの試合でも、シュートがゴールに決まるのは何本かのうちの1本です。後はすべて失敗シュートです。でも一流の選手はこの失敗から学び、克服しようとさらにゴールを目指し練習に励むのです。失敗から学ぶこの姿勢があなたの未来を切り開くのです。

中国でも「不怕犯错、就怕不改错」、孔子も「过而不改、是谓过矣」と言っているのではありませんか。

参考：松下幸之助

「青春」：青春とは心の若さである。信念と希望にあふれ勇気に満ちて。
日に新たな活動をつづける限り、青春は永遠にその人のものである。

決意しよう

「人生に夢があるのではない、夢が人生を作るのだ。」
“不是梦想在人生中，而是梦想创造人生。”

「道理を知り、意識の革新がなければ進歩はない。」
“思考道理、实行革新，才能进步。”

「自分の人生は自分で責任を取る、自分のすることに後悔はしない。」
“自己的人生是自己负责的，不要后悔自己所做的事。”

今、皆さんには夢があります。中国でも、少し前までは多くの人々が、高層マンションに住み自家用車のある生活は遠い夢でした。でも今は違います。もうそれは皆さんの手の届くところに在るのです。それを叶えるのはあなたの努力です。

豆知識

北京四中(高校)の劉長銘校長のブログ(博客)

http://blog.sina.com.cn/s/blog_5c937fb10100b9yv.html

過去の歴史関係との複雑な心境の中、虚心に日本の見習うべき点を観察し、教育者として将来の世代に対する果たすべき役割と、愛国の情で国民意識の向上を述べています。

彼の評価に値する「自己を正しく律し、社会に迷惑をかけない」人間になろうではありませんか。

关于刘长铭的博客《举青春之力,谋世界和平》

2008年夏季,刘长铭校长带领学生们访问了日本,虚怀若谷地观察日本人民和社会。他坦率地表达了对日本人行事规范的敬佩:每个人都能把“管好自己,不给社会添麻烦”作为自己的行为准则。他站在一个爱国者和一个教育者的立场呼吁实现国家现代化的关键是实现国民意识的现代化,民族振兴的关键是民族文化与民族精神的振兴。

我敬佩刘长铭校长的勇气。但是他的讲话使我产生一种复杂的心理,现在在日本也有食品中毒事件和伪装食品产地的问题,使我感到忧虑。我想日本人也更要有知耻的勇气和提高自己的品德。“没有经济的道德是玄虚,没有道德的经济是罪恶”。

第4章

日本紹介～日本での生活(1)

日本

面　　積：378 千 km^2、周囲を海に囲まれた6,852の島々から成り立っています。

人　　口：1 億 2,778 万人、世帯数：5,184 万世帯

市部人口：90%、三大都市圏(東京圏、名古屋圏、関西圏)人口 50% 65 歳以上の老年人口23%

＊民族名を記入する書類は全くといっていいほどありません。私も今まで全く書いたことはありませんし、見たこともありません。

都道府県：行政単位は1 都(東京)、1 道(北海道)、2 府(京都、大阪)、43 県、所得の都市と農村格差、地域格差は少ないです。

気　　候：大半の地域は温帯に属し、海洋性気候で四季の彩が綺麗です。春は桜前線が北上し、秋は紅葉前線が南下します。夏は高温多湿、夏から秋にかけて台風が襲来します。冬はシベリア高気圧の影響で雪が多く降ります。年間降水量は1,700mm 程度です。

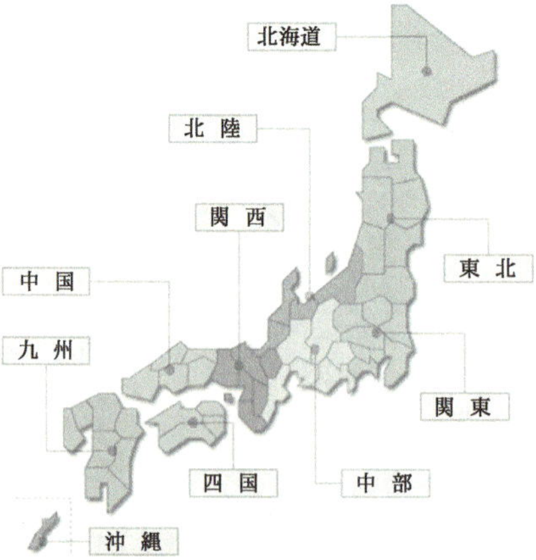

豆知識

日本での生活～愛知生活手帳

日本での暮らし～愛知生活手帳より

http://www2.aia.pref.aichi.jp/sodan/j/benricho/benricho-c/mokuji-j.html

皆さん、愛知生活手帳をこのホームページで見てください。

あなたの必要とする情報がそこには大体あります。しかも日本語と中国語で同じ事項が書いてあります。たとえ日本語のレベルが高くなくても理解できます。日本での暮らしが見えてきます。

内容

1. 在留手続き
2. 外国人登録
3. その他の手続き

   結婚、離婚、出生、児童手当、死亡、帰化、パスポート、印鑑登録
4. 日常生活

   住居、電気・ガス・水道、ゴミ(ゴミの分別・家電製品のリサイクル)、電話、郵便、銀行、送金、医療、交通ルール、公共交通機関、自動車、運転免許証、自動車保険、交通事故、緊急(火事、犯罪、地震、台風)

   ドメスティックバイオレンス(家庭内暴力)
5. 医療保険年金制度

   健康保険、国民年金、厚生年金保険、介護保険
6. 教育

   教育制度、幼稚園、保育所、インターナショナルスクール、日本語の学習
7. 仕事・労働保険

   働くことのできる資格、就労資格、労働契約、労働者災害補償保険、雇用保険、解雇

8. 税金(ぜいきん)

所得税(しょとくぜい)、住民税(じゅうみんぜい)、その他(た)（消費税(しょうひぜい)、不動産取得税(ふどうさんしゅとくぜい)、自動車税(じどうしゃぜい)）

参考：学歴別初任給(がくれきべつしょにんきゅう)（2012年）

学歴	初任給	
	事務系	技術系
大学院修士課程修了	225,200円	225,700円
大学卒	207,500円	207,500円
高専・短大卒	173,500円	182,000円
高校卒	162,300円	162,700円

視点・論点～高田

日本女性地位

多くの中国人が抱いている「日本人女性像」は専業主婦が多く「良妻賢母」、家では夫に尽くし従順であるという印象を持っています。

現実の日本の家庭では女性の発言権は非常に強いのです。電化製品の購買決定権はほとんど女性がもっています。

実際、日本ではすべての家計の95%以上、妻がお金を管理しています。夫は毎月、妻から決められた「お小遣い」をもらうという家庭が大半です。

若い共稼ぎ世代では別々に管理している夫婦もありますが、お金の管理は伝統的に妻の仕事。そして、家庭では女性の意見が非常に強いのです。

また、離婚の申し立ても女性からの申し立てが9割以上なのです。

視点・論点～高田

我家那口子

我家那口子是属猪的，我属鸡，所以吵架时我肯定怎么也赢不了她（在日本属相中的“猪”是“野猪”）。

她是个细心周到又很麻利的人，我性急且有点轻率。她的很多优点是我没有的。她帮助我的事情很多，没有她就没有我的今天，我不知该怎么感谢她才好。

例如，在中国工作期间，我请很多中国人到家里吃饭。有一次，下午四点半才告诉她：“今天晚上有七八个客人来家里吃饭，忙得过来吗？”她说：“没问题。”

六点半我和客人到家时酒菜都已经准备好了(前后曾有总共四百多位中国客人到我家来玩儿,一边吃饭一边聊天)。

又如,听说有可能发生东海大地震,她为了预防万一,在床边备置了紧急背包和两双鞋,厨房里备置了十多瓶矿泉水。但是,我想,如果地震真的来临的话,她一定会只抱起枕头,其他任何东西都不拿就冲出去的。

还有,我买房时,她非常用心地选择了东南向阳面积较大的户型。

尽管如此,她还是有一个缺点让我不得不说,就是记忆力实在了得,特别对我来说没有什么意义的事情总是被她记得一清二楚。吵架时她常常说:“二三十年前你说过什么什么……”,可是那些事情我都已忘得一干二净。

没有办法,我永远也说不过她。

嗨,我家那口子就是这么一个人。

和食を楽しむ

日本と中国の食文化にはいろいろな違いがあります。習慣の違いを理解することは重要なことです。どちらが正しいという議論ではなく、「お付き合いの中でその違いを楽しむ」ことが大事なのです。違いを理解し「郷に入ったら郷に従え(入乡随俗)」とお互いの文化を楽しんでください。

1. 和食は全て食べる

和食は中国人から見ると分量が少ないと感じることが多い。中国の場合は大量に料理を提供し歓待の心を表します。お客は用意されたすべての料理を食べることは到底できませんし、料理を残すことが礼儀とされています。

和食は少量でも美味しい物を出し、それをお客様が賞味しながら、出されたものを残さず全て食べることが主催者への礼儀とされているからです。

2. 和食の特長

(1) 全般的にあっさりした味付けになっていて、食材の持つ本来の味を引き出して食べます。そのため食材の味にいろいろこだわりをもっています。

(2) 和食には季節感があります。春夏秋冬それぞれの季節で最も美味しい食べ物をそれぞれの季節で楽しみます。

(3) 盛り付けがきれいです。食器にもそれぞれの料理に合った器が用意され、料理と食器と盛り付けが美しく、食べる前に十分楽しんでください。

＊ 中国人から見ると量が少なくケチしているように見えるかもしれませんが、出されたものは残さず、全て平らげてください。

＊ 刺身、お寿司、そば等、和食の場合は冷たい食べ物が多く出されます。

3. お酒は日本酒(醸造酒)

あっさりとした日本料理には日本酒が一番口に合います。例えばお刺身と日本酒はよく合います。日本酒は日本のきれいな水の湧出する地方で作られています。

油っぽい料理には蒸留酒が合いますが、油っぽくない日本料理では、ぜひとも日本酒を楽しんでください。

＊ 日本酒には甘口の日本酒、辛口の日本酒があります。お好みのものがきっと見つかると思います。

4. お酒の飲み方

日本でも中国と同じように「乾杯」で始まります。しかし日本の「乾杯」は一気に飲み干す場合は少ないです。中国で言う「随意」なのです。

中国では毎回「乾杯」することが礼儀になっていますが、日本では個々人がめいめいに飲みます。しかし自分でお酒を注ぐのではなく相手に注いで上げるのが日本の習慣です。

＊ 飲酒後の車の運転は中国と同様厳禁です。日本では飲酒運転には厳しい罰則があります。酒酔い運転では5年以下の懲役又は罰金100万円以下の罰金、同乗者も罰金が科せられます。また車を運転することが分かっていてお酒を提供したお店も罰せられます。飲酒運転で重大な人身事故でも起こせば危険運転致死傷罪が適用され、最長20年の懲役、直ちに免職です。運転を代行してくれる「代行運転」を頼むか、飲むと決まっているときは公共交通機関を利用することです。

5. 会食の時のタバコ

中国では会食でタバコを吸う習慣があります。食事のテーブルにタバコを置いたり、お互いにタバコを勧めあう習慣があります。タバコを吸いたい人が自分が吸う時に周囲の人に分けてあげるのです。日本ではこうした習慣はありません。日本人がケチだからではなく、そうした習慣が無いのです。

また、最近は禁煙の店が増えていますし、吸う場合は周囲の人の同意が必要です。

＊ 最近では中国のレストランの多くが禁煙になりました。しかし結婚式は従来の習慣どおり、タバコがきちんと用意されています。

＊ タバコの吸える場所は確実に減っています。公的な場所はもちろんですが、オフィスでも灰皿の置いていないところは「禁煙」と思ってください。

参考：タスポカード

2008年7月より、「タスポカード」という特別な証明カードを持った成年者のみが自動販売機でたばこを買えるようになりました。中国人の皆さんは店員のいる売店でお買い求めください。尚、日本では20歳以上になると飲酒、喫煙が許されます。

▶>> 視点・論点～高田

箸の持ち方

中国からの留学生が我が家で食事をする機会が結構あります。

最近、日本の若者と同様、中国人若者も「箸」を正しく使っていないことに気づきました。注意をすると「両親からいつも注意されていました。しかし、言うことを聞きませんでした。外国人のあなたから注意を受け、大変恥ずかしい。直します。」三ヵ月後、きちんと直っていました。

皆さん、「箸」を正しくもっていますか？

正しい箸の持ち方ができない人は「没有文化的人」とみなされます。お客さんとの会食時、恥ずかしい思いをしないためにも、しっかりと練習してください。

▶▶▶ 視点・論点～高田

日本の家庭では履物を替える

一般的に日本の家庭では玄関で靴からスリッパに履き替えます。

外で汚れた靴のまま家に入るということはありません。こうすれば室内は衛生的ですし、掃除も簡単です。また脱いだ履物はきちんと揃えます。

同じように、日本の小学校、中学校、高校では校舎に入るときには靴を履き替え、教室も毎日掃除します。登校、下校の時に靴を上履き用、下履き用と替えるのです。皆さんは体育館で運動する時にそうするでしょう。

中日食文化の違い

1. えっ！日本では生卵をご飯に掛けて食べるの？

中国人は日本人が生卵に醤油を混ぜ、熱々のご飯に掛けて食べるのを見ると「大ショック」です。ホテルや旅館の朝食メニューの定番は、「焼き魚、焼きのり、納豆、生卵、漬物、生野菜のサラダ」です。朝の忙しくて時間が無い時、熱々ご飯に新鮮な生卵をぶっ掛け、さらさらと食べるのが実に手っ取り早いのです。もちろんこれは新鮮な生卵ですからできることなのです。

日本料理のご馳走「すき焼き」にも生卵は欠かせません。

この他、「月見うどん」は、熱いうどんに生卵が入っているのですが、卵を月に見立ててこの優雅な名前が付いています。

2. えっ！日本のペットボトルのお茶には砂糖が入っていないの？

日本のペットボトルのお茶には砂糖は入っていません。また冷たいお茶が主流です。冬になると自動販売機で熱いお茶が販売されます。中国を訪問すると無糖のお茶を探すのに一苦労します。最近中国でも若い女性はダイエットを目的に無糖のお茶が飲まれていると聞きました。

3. えっ！西瓜やトマトには塩を掛けて食べるの？

日本では甘い西瓜やトマトに塩を掛けて食べることが多い。暑い真夏の午後に冷やした西瓜に塩を掛けて食べると本当に美味しいのです。トマトも登山の途中で小川の冷たい水で冷やし塩を掛けて食べると元気もりもりになります。また、赤飯にはごま塩です。中国では西瓜やトマトに砂糖が掛かっていてびっくりしました。言うなら、日本の味は融合調和、中国の味は錦上添花なのでしょうか？

実際には、スイカやトマトなど、果物野菜の多くはアルカリ性食物です。砂糖を加えると酸性に変わり酸性食品を多く摂ると身体には良くありません。中国のことわざにも「甘いものには塩を加え、塩辛いものには砂糖を加える」と古人の経験からこのように啓発しているのですが、私たちは生活の中では往々にしてこうした言い伝えをなおざりにしています…

視点・論点～顧春

日本のお正月

春節は子供にとって一番好きな時間ではないでしょうか。お年玉をもらい、友人や親戚一同とたっぷりご馳走を食べ、遊べるのです。

日本では、新暦の1月1日から3日までの三日間をお正月といい、中国の春節に当たります。1872年(明治五年)まで旧暦で行っていたのですが、1872年12月から新暦に変わったのです。

日本人はお正月にどんなことをするのでしょうか。お正月になると、家から商店、町、所々まで、門松を立て、鏡餅を飾り、大晦日は年越しそばを食べます。除夜の鐘を聞き、お正月の晴れ着を着て神社へ行って初詣し、おせち料理を食べます。

ここでは「年越しそば」と「福袋」について、紹介しましょう。

中国では、大晦日の晩になると、家族で集まり、外で食べる場合も、家で食べる場合も、一年の最後の日だから、山のような贅沢な珍味料理を食べます。

日本では、年越しそばや、すでに用意してあるおせち料理を食べます。お年越しそばは、長いそばにあやかり、運気が長く続くように縁起を担いでおり、長寿と健康への願いが込められています。また、年末は大掃除や正月の準備で忙しく、比較的簡単にできる年越しそばを食べます。そばは消化も良く胃に負担をかけないという理由もあります。

日本では正月に初売りといって「福袋」を販売します。袋の中には、ブランド品、服、雑貨、食料品…福袋の中には価格に比べてお値打ちな商品が入っています。価格は千円、一万円、五万円、高いものは2013万円といった貴金属や宝石が入ったものまであります。初売りの日は多くの人が百貨店の前で朝早くから行列を作ります。買う人は中身を知りません。でも何が入っているのかな？と楽しみながら買います。欲しかったものが入っていれば「やった」といった喜びも味わえます。またお客同士、中身のブランド品を交換して楽しみます。

視点・論点～顧春

「バカ真面目」な日本修理員ＶＳ「大雑把」な中国取付員？

友人が日本で固定電話が故障した時のことだそうです。

「修理会社に連絡、修理員は予約した時間ぴったりに来ました。部屋に入る前に、持参したスリッパに履き替え靴をきちんと並べ、『どうもすみません』と言いながら、部屋に入ってきました。受話器と通信線のインターフェイスの接触の問題で、5分もかからないうちに、新しいものに交換しました。その後、切れた電線とゴムのくずをきれいに片付けて、自分の修理袋に入れました。それから、受話器を除菌クリーナーで拭き、机の上もきれいに拭きました。片付けに要した時間は修理に要した時間よりも長かったのです。玄関を出る時、私に向かってお辞儀を三回し、後ろへ下がりながら出て行きました。すごく感心しているけど、なんかバカ真面目って感じもある」と友人が冗談風に言いました。

そして、中国で新築の家にエアコンを取付けた時のことを思い出しました。

日本メーカーのエアコンを安心して購入し、取付けるのを待っていたら、きれいな作業服を着た取付員が自分の靴の上に、ビニー袋を履いて、工事を始めました。私が「もう少し壁の上の方に設置して下さい」とお願いしましたが、無視されました。取付けが終わり、私が書類にサインしたら、大手を振ってそのまま立ち去ったのです。部屋の中には、使った椅子、エアコンのダンボール、壁に穴をあけたごみが散らばったままでした。

日本人特有のサービス精神はまだ中国の接客にあまり浸透していないですね。でも本当に「バカ真面目」と「大雑把」なのか？ 皆さんどう思いますか。

第5章

日本紹介～日本での生活(2)

混ぜればゴミ、分別すれば資源

日本は資源の少ない国です。石油をはじめ多くの資源を外国から輸入しています。またゴミの処分にはコストが掛かります。そこで日本はゴミの分別を始めました。

2005年愛知万博は「環境万博」とも言われ、会場内ではごみを9種類に分別(燃えるゴミ、生ゴミ、燃えないゴミ、プラスチック、新聞・雑誌、ペットボトル、紙コップ・紙パック・飲み残し水、割り箸)燃えるゴミ以外は全て再利用しました。

2008年中日青少年友好交流年で多くの中国青少年が訪日しました。ゴミ処理工場も見学したのですが、彼らの驚いた点は、近代的なごみ処理工場もそうですが、何よりもゴミが家庭で厳しく徹底的に分別されていた点でした。この分別があるからこそ資源としての再生利用が可能となるのです。

また地域の子供会でも積極的に資源ごみを回収しています。各家庭で事前に分別した資源ごみを集め、リサイクル業者に売却し子供会の活動費に当てるのです。

▶>> 視点・論点～顧春

資源ゴミの分別

世界で、日本やドイツほどゴミを細かく分別している国はないと思います。

初めて日本人のアパートに入って、びっくりしました。15㎡もない小さい部屋の玄関は、なんとゴミ箱だらけなのです。ゴミは何種類にも分けられ指定の日だけ処理できるシステムなのです。玄関には、ダンボールや、紙パック、生ごみの箱などが分けて並んでいて、日本人の丁寧さとルールをきちんと守ること、ゴミは分別すれば資源なのだと深く印象を付けられました。

中国では共用の廊下に古い家具や要らないものを置いたり、ロビーを自転車置き場として使っているマンションを思い出しました。

自分の部屋をきれいにして、共用のところはどうしてもよいという考え方は日本では、めったに見られないようです。バス停でタバコの吸殻を捨てた人が注意された場面に出会ったことがあります。

日本はきれいで、日本人はきちんとルールを守っています。素質の高い社会を築くには、政府の力、国民の教育はもちろん、市民の一人一人の意識と行動も大切ではないでしょうか。「悪、小なるを以ってこれを為すなかれ。善、小なるを以ってこれを為さざるなかれ」ということができれば、その「善」の輪が広がっていくでしょう。日本に行ってこのように感じました。

地震

日本は地震大国です。1995年の阪神・淡路大地震では死者、行方不明者は6,437名、被害総額は10兆円を超えました。留学生も犠牲になりました。日本に来て初めて地震を体験した留学生が多く、実際にどのように行動していいのか、わからないまま被害に遭いました。

日本は四方を海に囲まれており、地震は津波も引き起こします。海岸にいたらすぐに高いところに避難しなければなりません。

2011年東日本大震災では津波で多くの家、学校、工場、飛行場、港湾設備、船舶、原子力発電所が大きな被害を受け、死者、行方不明者は18,567名、被害総額は25兆円、2次費用も含めれば50兆円ともいわれています。

世界では、これだけの災害を受けながら、秩序を保つ、日本人の道徳心の素晴らしさ、被災者同士の連帯が報道されました。

東日本大震災で宮城県女川町に滞在中の中国人研修生約100人も被災しました。中国の遼寧省大連市から来た研修生、衣亜男さんたちは涙を浮かべて「地元の人たちの助けがなかったら、私たちはもうここにはいなかった」と話しました。

この地震では中国から国際救援隊も駆けつけ、多くの救援物資が届けられ、多くの日本人に感謝されました。全世界では191の国家、43の国際機構が支援に手を差し伸べました。

こうした地震の被害から、さまざまな対策が取られています。

まず、建物の耐震基準の強化が図られました。2012年小中学校の耐震強化率は85%、2010年、拠点病院の耐震強化率は57%に達し、児童や患者の避難訓練が実施されています。

豆知識

主な地震と被害状況

発生年	地　震	被　害
1995年	阪神淡路大震災	死者・行方不明者6,437名、高速道路や鉄道網に大被害発生、被害総額10兆円。
2004年	新潟県中越地震	死者68名、豪雪地帯で積雪による倒壊が起きた。上越新幹線脱線、早期地震検知警報システムにより長岡駅の東京より約5kmの地点で停車した。乗客乗員155名に対し、死者負傷者は1人も出なかった。
2005年	福岡県西方沖地震	玄海島では特に被害が大きく、住民の大半が福岡市本土に避難した。
2007年	新潟県中越沖地震	家屋倒壊や土砂崩れなどの被害。死者15名。
2008年	岩手・宮城内陸地震	大規模土砂災害が発生、死者行方不明者23名。気象庁は初期微動(P波)を検知した4秒後、緊急地震速報(警報)を発表した。震源の近くでは間に合わなかったが、震度4以上を観測した広い地域にゆれが到達する数秒から数十秒前に警報が伝わった。
2011年	東日本大震災	地震の規模はマグニチュード9.0で、日本周辺における観測史上最大の地震。最大遡上高40.1mにも上る巨大津波が発生し、東北地方と関東地方の太平洋沿岸部に壊滅的な被害が発生。死者15,880名、行方不明者2,694名。津波に襲われた福島第一原子力発電所では炉心溶融を引き起こし重大な原子力事故となった。

視点・論点～高田

日本は嫌いな国、好きな国

2008年6月、中国で行われた調査(対象1.2万人)

中国国営通信の新華社の報道によると、「嫌いな国」アンケートで、第一位は韓国40.1%、第二位は日本30.2%、第三位はインドでした。

最も好きな国には第一位パキスタン13.2%、第二位ロシア、第三位日本という順になりました。

嫌いな国ランキングで日本は一位から二位にダウンしただけでなく、好きな国ランキングで三位になりました。

四川大地震の時、日本は人道主義の観点から、中国に大量の救援物資を提供しただけでなく、被災地へ緊急救援チームと医療チームを派遣しました。こうしたことが好きな国の順位を上げたのだと思います。

多くのスポーツ大会で日本人選手の見せた行動が日本の好感度を良化しました。日本女子サッカーチーム「なでしこジャパン」の観客への応援感謝では多くの中国人が自分たちの応援を恥ずかしいと感じました。

北京五輪開会式で日本チームが中国国旗と日本国旗を手に入場しました。多くの中国人はこうしたことに感動を覚えたのです。

視点・論点～顧春

人材の現地化

日本企業は「現地化を推進する」と言っていますが、女性の昇進と同じく実現はなかなか難しいのです。

日系企業では、日本人は中国人よりよい給料、より大きい権限、より高い地位です。彼らの給与は日本では一般的管理職の平均給与ですが、現実には、こうした「二元的人事制度」は、現地化推進の障害と言えます。なぜなら、同じ職場で働いている中国人と日本人との間に民族意識を誘発するからです。

日本人は、「多くの中国人社員は責任感不足、スキルダウン、現地社員に一生懸命に仕事を教えても、すぐ転職する」と考えています。

中国人は「日本人はバカ真面目、能力が無くても日本人だから管理職」とイメージしています。

日本人と中国人に対するそれぞれの認識は、固有の環境と制度、また文化理解の中で、変化すると思います。

逆に、中国社員が「二元人事制度」を受け入れる立場は現地化の推進を阻害する要因でもあると考えられます。上昇志向の強い中国人は日本語を学び、日本文化や日本人の考え方を理解し、日本人と同じように仕事をこなします。彼らは、一生懸命働けば、昇進のチャンスを手にし、幹部になれると信じています。それは当然優秀な中国社員の運命を変えることができますが、多数の中国人社員の運命を変えることができません。

お互いの文化を理解して、お互いに良い所を吸収し、民族精神や文化文明を振興させること、更にグローバルスタンダードの浸透によって、現地化は推進していけると思います。

最近、中間幹部職の現地化は大分進んできましたが、経営幹部の現地化にはもう少し時間が掛かるようです。

社会人としての自覚編

第6章

社会人としての自覚

1.「あなたの給料は誰が払うの？」

あるソフト開発会社の社長が困っていることは、ある優秀な中国人にソフト開発を任せると自分の技術力を誇示し顧客のことを考えていないことだという。彼にとっての評価は自分の専門技術力の高さであり、顧客は全く関係がない。理解できない顧客が馬鹿なのだという考え方で、「顧客と同じ目線で、顧客が使いやすく、しかもニーズに合うことが評価基準である」ことを理解しようとしない。指摘をすれば、口を尖らせて言い張る。「私の良い所が理解できないのか？（馬鹿なやつらだ）」と。

ある有名な日系化粧品メーカーは面接で必ず「あなたは誰から給料をもらうのですか？」と質問します。あなたはどう答えますか？ そうです。「会社ではなく、お客様があなたの給料を払うのです。」会社が利益を上げ、あなたに給料を払うことができるのは、商品を買ってくれる顧客がいるからなのです。

これは「売ってやる」から「お客様に買って頂く」意識革新の具体的一例です。この会社に採用された営業社員は必ず一ヶ月の教育を受けさせられます。初めの二週間は徹底した顧客への接客研修です。次週は科学的根拠に基づいた肌と化粧品の効用です。最後の一週間でやっと具体的な化粧品の商品研修に入るのです。

あなたが生産現場で働いていても同じことです。あなたにとってその製品は数多く組み立てた製品の中の一つかもしれません。しかし買ってくれたお客様にとって、その製品は唯一の製品です。もし欠陥があれば、お客様にとっては100％の欠陥なのです。仕事の一つひとつがお客様に結びついているのです。

企業人は「顧客第一主義」が基本的考え方として求められています。多くの企業が企業理念として「社会への貢献、顧客重視」を定めています。顧客を無視した企業は必ず社会から淘汰されます。最近、安全性を無視した乳製品企業「三鹿集団」は事件発生からあっという間に倒産に追い込まれました。

2. お金をもらったらプロだ

サッカーのプロチームに属している人やプロバスケットの姚明選手のような人だけをプロと思っていませんか？ 一般の企業に勤めていても、仕事でお金をもらったらプロなのです。会社では常にプロとして自己の技術や知識を高めていく努力が求められます。そして結果を出せば一流の社会人としてあなたの評価が高まります。何よりも社会、顧客に貢献できた満足、即ち社会に貢献できる有能な人材として自己実現ができるのです。会社の仕事を通じて自己実現ができるということは本当に素晴らしい事です。

参考：給料と授業料の違い

学生は授業料を払い授業を受けます。これをビジネスで考えると、学生が授業を受けるのは権利の行使です。授業を受ける受けないは学生の自由です。受けない場合は権利の放棄となります。しかし給料をもらうのは仕事をする対価ですから、これは義務といえます。義務であれば仕事を放棄することはできません。

3.「会社の評判は何で決まるの？」～社員には企業の評判に直接の責任がある

料理が美味しいと評判のレストランがあります。でもそこで働いているウエイトレスの服装が汚れていて、私語も多い。運んできた料理に汚い指を突っ込んでいる。皆さんどう感じますか？ レストランの評判は作られる料理と従業員の接客態度、この二つで決まるのです。

わかりますね。どの企業も一緒です。作り出す商品とそこで働く社員の印象、この二つで企業の評判は決まるのです。社員は企業の評判に直接の責任があるのです。「そんな派手なマニキュアなんか塗るなよ。シースルーの服装やへそ出しルックはだめだよ…」。会社に制服がある場合は、外部の人間はあなたがどこの会社の社員かすぐわかります。いわばあなたは会社の看板を背負ってそこにいるのと同じなのです。

日本のホテルでは襟につけている社章ですぐにあなたがどこの会社の社員か見分けます。もし、あなたが一流会社の社員であれば、先に宿泊代の支払いを要求されることはないでしょう。これが会社が築いてきた信用なのです。こうした信用は社員となった以上、しっかり守り続けていく必要があるのです。

4.「いつまでに」～仕事には必ず期限があります

期限のない仕事はありません。いつまでにそれをやり遂げるのか、常に求められます。もし期限が守れないようなことを続ければあなたの信用は全くありません。これが対外的なものであればそれは契約であり、もしその期限が守れない場合は損害賠償を請求されることが生じます。それほど重要なものなのです。「努力します」だけでは許されない世界なのです。期限を守るためにきちんと段取りをし、効率良く仕事を進めることができるか、こうしたことが社会人として求められるのです。

相手の立場に立って考える

（事例～見る人のことをまったく考えないパワーポイント）

パワーポイントで商品紹介や企画説明を作らせても見る人を考えない現象が起きます。頻繁に音が出たり、字が横から一字、一字づつ飛び出てくる。まして参加者がどれくらいの人数で、対象が誰なのかも眼中にない。100人の視聴者がいても文字の大きさなんて関係ない。自分の技術力の高さを見せつければいいのです。

こうした場合、まず「見る側の視点で作るのが基本である」を理解させることが必要なのです。

また、説明するときの自分の立つ位置も大事なのです。端のほうに座っているお客様はパワーポイントが見えないので、身体を左右に動かしています。端のお客様からもパワーポイントが見えるように考えて自分の説明に立つ位置を決めることが大切なのです。

（事例～対象者を明確にした資料の作成）

会社では必要に応じいろいろな販売促進資料が作成されます。渡す相手によって当然、内容が異なります。

販売現場に立つ販売促進員には、お客様向けの内容になります。

新製品特長や家庭での具体的な使用方法、買ってお得になる点などです。

「この製品をご購入いただければ、消費電力が今までの商品より毎月○○元節約できます。購入当初は金額が高いように感じますが、電気代を考えれば5年で元が取れます。さらに従来より音が小さく気になりません…」

しかし、売り場の責任者には当然違った内容になります。

この商品を販売することによって、販売金額、単価が上昇し当然利益も大きくなります。また、資源の有効活用にも貢献できます。展示場所、展示方法は売り場全体で「省エネルギー商品コーナー」を設け、他の省エネルギー商品と合同でこのように展示すればお客様へのアピールもきちんとできます。

＊ このように作成する資料は必ず、明確に対象者を意識して作るのです。

（事例～子供の身長を考えたおもちゃ売り場）

ある百貨店での取組みです。従来のおもちゃ売り場の商品展示の高さを思い切って幼児が見えるように、販売見本商品を手にとって遊べる高さにしました。効果はてき面です。夢中になっておもちゃと遊ぶ幼児を見れば親として何を買ってやれば喜ぶかが一目瞭然です。

従来はおもちゃを買ってあげる両親、大人の目線を考えていたものを、実際に遊ぶ幼児の目線を考える展示方法に切り替えたのです。

豆知識

中国人気質～会社から見たストレス現象

特　質	特　長	会社からみたストレス現象
1. 面子にこだわる	面子にこだわる	評価をされたら本気で頑張る
	名誉を重んじる	人前で叱られると面子を無くす
	「報喜不報憂」	悪い情報を隠す、問題が大きくなる
	報告、連絡、相談が苦手	クレームの原因が掴みにくい
	情報を得ても言わない	自分の非を認めない
2. タテ社会	学歴が重要	資格は金だ
	組織タテの指示は聞く	横の連携、連絡は悪い
	暗黙知は通じない	前任者の後始末はしない
	男女平等、共働き社会	理解、納得させる努力と工夫が必要
	雑役は「阿姨」の仕事	仕事は能力主義～男女平等
	家、身内の事は大事にする	会議室の後片付け、灰皿、湯呑み
	親の面倒、家族を重視	人事評価～身内・仲間優先
		探親など長期休暇制度がある
3. 自己中心	自己中心の個人主義	会社は道具/ステップアップの手段
	財、金銭が人生の大きな目標	役得利益追求(リベート等)
	公私の区別が弱い	私用電話
	地位を脅かす後輩を排除する	研修や学習を同僚に伝えない
	自己権利主張が強い	匿名の投訴がある
	鍵社会	盗難問題が発生する
	期限を遵守する意識が弱い	期限遅れを事前に報告しない
	会社に入っても勉強を続ける	自己投資をする
	上昇志向が強い、資格は金だ	通信教育、ＭＢＡ
	簡単に辞める	辞める時は次の職場を決めている
	大事にされる一人っ子	わがままな「小皇帝」
4. 人間関係重視	人間関係を重んじる	人によりなんとでもなる
	何でもありの「自由勝手主義」	評価、昇進への影響
	コネ社会、接待、金で動く	正直者が馬鹿を見る
	信頼関係が築かれると強い味方	
5. 最先端一流への強い憧れ	超一流品か、価格志向	商品のライフサイクルが早い
	見栄を張る	価格下落率が急激
	偽物も多い	模倣商品、偽領収書、偽札
	周囲の評価を気にする	見栄市場、礼品市場が意外と大きい
	将来に夢がある	実現への努力を惜しまない

視点・論点～高田

物の見方・考え方

社会に出ると「物の見方・考え方」が非常に大事になります。

1. スローガンはまだ実現できていない目標がスローガン

今の時点、できていないこと・目標がスローガンになるのです。市民文明憲章などの標語もそうなのです。さあ、皆さんの周りにあるいろいろなスローガンを挙げて下さい。思い当たることがいくつもあるでしょう。

2. 泳げない人は水に溺れない

水に溺れる人の多数は実は泳げる人なのです。泳げない人は河川に近寄りません。また近寄った場合、すぐに救命胴衣などの安全を確かめます。したがって、泳げない人のほうが溺れることが少ないのです。

3. 雪道で事故を起こす車は四輪駆動車が多い

雪道に強い車が四輪駆動車です。しかし雪道で事故を起こす車は雪道に強いはずの四輪駆動車が多いのです。

運転手は車の性能を過信し雪道でも速度を上げ、急ハンドル、急ブレーキをかけてしまうのです。その結果、車はスリップを起こし事故にあうのです。

車はどうして止まるのか？ ブレーキを踏めば止まると思っていませんか？実際はタイヤと路面の摩擦で止まるのです。この摩擦係数が「0」なら、車は止まらないのです。

＊ このように、実際社会で問題・課題に遭遇した時、物事の本質を知る力、「物の見方・考え方」が非常に大事になるのです。

視点・論点～顧春

人の考え方や習慣は育ってきた環境に左右されます。ビジネスマナーもしかり。幼児期から家庭で身に付けたマナーが大人になっても行動の基本になっているのです。逆に言えば、日常生活のマナーはビジネスにも反映されます。日常生活の中でごく自然なマナーを身に付けていれば、会社などにおいても、ごく自然に振舞うことができるものです。付け焼刃ではない本物のマナーを身につけるため、家庭内や友達間など、自分の社会的なマナーも見直して見ましょう。

家族の病気や事故、親族・友達の慶弔、赤の他人からの依頼などといった会社とは無縁の身近な出来事にどう対応するかも、人間としてのマナーが問われるパターンです。マナーをもっと楽しく、もっと広く、柔らかくとらえ、人生を、暮らしを、豊かにしましょう。

第7章

協調性を持つ～仕事は共同作業

1. 会社は組織で機能します

仕事は一人ではできません。多くの社員が共同で作業することによって仕事が成し遂げられ、会社という組織が成り立っています。もしあなたが多くの成果を挙げようと思ったら、上司、先輩、同僚の信頼と協力を得る必要があります。また彼らの仕事にも進んで協力することが、会社の成果につながっていくのです。

サッカーが好きなメンバーが集まっただけでは単なる集団です。フォワード、ミッドフィルダー、バック、ゴールキーパーなど、それぞれのメンバーに役割が与えられて初めて組織になりチームとして機能するのです。会社でも同じことです。あなたは会社では一定の役割が与えられ組織の一員として働くことになるのです。

2. 挨拶は人間関係の潤滑油

学生の時と職場の人間関係は基本的に違います。学生時代は自分で友人を選び、行動を共にできました。気の合わない人とは付き合わなくても良かったわけです。しかし、社会に出るとそうは行きません。会社は同じ目標に向かって仕事をする人間集団です。さまざまな人々で構成されています。上下関係も、多様な個性のある人々がいるのです。気の合わない人だっています。しかしきちんと付き合っていかなければならないのです。

朝、会社に出勤したら誰に対しても「おはようございます」と声を掛けましょう。名前を呼ばれたら「はい」と返事をしましょう。挨拶は人間関係の潤滑油なのです。

3. 報連相(ほうれんそう)の重要性、「報告、連絡、相談」

中国では以前から「报喜不报忧」(良い事は報告するが、悪いことは報告しない)ということがあります。しかしこうした「报喜不报忧」は会社に重大な損害をもたらすことが多い。問題が発生した初期に報告が行われ迅速な対処ができていれば、損害は軽微なものに止まる場合が多い。報告せず自分ひとりで対応しようとすれば、時の経過と共にどんどん問題は大きくなります。まず問題発生と同時に上司、関連部門への迅速な報告が大事になります。そして解決への指示を仰ぐのです。

特に、現代社会では国際分業時代といわれるような企業同士が相互に有機的につながっています。部品供給会社であれば取引先の生産に重大な影響を及ぼすことがあります。相手先の生産ラインを止めるようなことになれば、その損害は重大なものになります。

信頼関係の基本はこの「報告、連絡、相談」にあるのです。

4. 時間を守る

始業時刻とは仕事を始める時刻であって、会社に到着する時刻ではありません。少なくても、始業時刻の10分前には机の前に座り、今日一日の仕事の準備に取り掛かることが必要です。

「何事も自分でする。」朝、誰が起してくれますか?、遅刻をしたら全て自己の責任です。天気予報で「明日は雪が降る」と知ったなら、通勤にいつもより時間がかかるのがわかっているのですから、いつもより早く会社に向かわなければなりません。どんなに夜遅くなっても、きちんと時刻どおり出社する。決して「言い訳」をしない。またよほど突発的なことでもなければ言い訳できません。仕事のスケジュール管理も予定より早めに仕上げておくことが大切です。お客様との約束時間、会議の時間、全て相手があるのです。時間を守ることは相手を尊重していることなのです。

5. 机の上、引き出しは整理整頓

机を見たら、その人の仕事振りがわかります。机の上や、引き出しの中を見れば瞬時に判断できます。もし机の上に雑然と山積みの書類があれば仕事をやっている振りをしているだけの人です。このような人は仕事の時間中、書類や資料を探す時間が多く掛かり、効率が大幅に低下しているはずです。引き出しの中が乱雑、私物が一杯、お菓子まで入っている。あなたはこのような人に重要な仕事を任せられますか？

どんな時でも、今、問題事項の書類やデータがすっと取り出せる。今日仕上げる書類だけが机の上にある状況が最善です。もちろん退社時は机の上には書類は一切置かない。これが有能ないわゆる「できるビジネスマン」の整理整頓です。

▶▶▶ 視点・論点～高田

中国の取引先から新年会に招待されました。招待状には午後 5 時から開始となっていますが、時間が過ぎているのに始まらないのです。主催している責任者も会場にいません。やっと6 時ごろ開始しました。集まる人も心得ていて 6 時ころに集まってくるのです。

私は、新製品発表会や商談会は必ず時間通り始めました。案内状を渡す時に社員に時間通り始めることを徹底させたのです。そうしないと、時間通り集まっていただいた取引先に失礼です。また開始時間の20 分前には必ず会場の入り口で取引先を出迎えました。これは主催者がお集まり頂く相手に対する礼儀なのです。

今ではこのようなことは少なくなってきましたが、お互い忙しいのですから、時間を守るというのは、相手を尊重することだと思います。時間にルーズな人はビジネス社会ではだんだん相手にされなくなるでしょう。お互いに気をつけたいものです。

第8章

ルールを守る

国には法律があり、絶対守らなければなりません。同じように会社や職場には規律があり、その会社の属している以上「絶対に守る」必要があります。違反をすれば当然罰則があります。

しかし、会社よりも国の法律が優先するのです。「会社のためにやった」と言っても国の法律を守っていなければ、一般社会では全く通用しません。たとえば、食品会社で食品安全基準を守らずにメラミンを混入すれば、それは重大な犯罪行為なのです。

1. マナーの基本は変わらない

マナーの根底にあるものはお互いに仕事をしていく上で、相手を尊重する思いやりの心、気配りです。たとえあなたが多くの知識や技能を身につけていてもマナー違反が多ければ社内からも相手先からも信頼を得ることはできません。特に会社にとって大切なお客様とも接します。社会常識として基本的マナーは身につけておかなければなりません。マナーの心は国や地域、人種が異なっていてもずっと変わらない基本のものと言えます。

参考：販売、サービス業の売上げ＝顧客数×単価

礼儀正しい接客は顧客に信頼され、さらに口コミで新しい顧客を増やすことにもつながります。中国社会はこの口コミが非常に重要な要素を占めています。顧客の製品や社員に対する信頼が「顧客が顧客を呼ぶ」という連鎖反応が起こる市場なのです。

2. マナーは「知らなかった」では許されない

マナーは法律ではありません。違反しても法律上罰せられることはあまりありません。しかし社会人である以上、ビジネスの常識、慣習、相手への礼儀といったものを当然身につけていなければ、ビジネスマンとして失格です。「知らなかった」では決して許されないのです。ルールを守らなければ、組織の一員として認められないのです。

3. 公私の区別は基本中の基本

中国では長い間、全人民所有制(国営企業)が大半を占めていました。会社が社員の生活全般を面倒見ていた時代が続きました。そうした背景もあり、公私の区別が甘く公私混同が多く見られます。現在の会社では公私の区別が厳格に求められています。たとえ経営者であっても、厳しく公私の区別を求められています。

公私混同の事例

会社の就業規則違反だけでなく国の刑法で処罰の対象になる事例があります。

(1) 業務時間中に私用をすること。勤務時間中に勝手に外出したり、私用電話を長々と掛ける。

(2) 会社の備品を勝手に自分の物にすること。会社の備品を勝手に持ち帰り自分が私的に使う。

(3) 会社の情報を勝手に持ち出すこと。会社で知りえた情報を外部に持ち出し、金儲けに利用する。社員には「守秘義務」があり厳しく禁止されています。

(4) 自分の権限を悪用し、関係会社から金品をもらう。

4. 許可なく仕事を持ち出さない

最近では、ノートパソコンやUSBメモリー、CD-ROMといった便利なものがあります。時間に迫られ家で仕事をしたい時に、非常に便利なものです。しかしこれは大変な危険を伴うものです。万一、落としたり、盗られたり、事故にあったりしたら「仕事熱心」というだけではすまない事態になります。仕事は会社内で行うものです。また持ち出す場合は所定の手続きが必要ですが、事故が起これば全て個人の責任になります。

＊ 会社データの社外持ち出しは多くの会社では「重大な禁止事項」にしています。特に個人情報の持ち出しは禁止されています。止むを得ない場合でもきちんと会社の許可を得なければなりません。また細心の注意が必要です。持ち出して、もし事故に会えばそれは持ち出した者の全責任になるのです。こうした事件は数多く発生し、その後、本人ばかりでなく家族を含めて数多くの悲劇をもたらしています。

5. 時代の変化と共に新しいマナーが求められます。

現代の会社生活では、FAX、メール、携帯電話などの通信機器や、パソコン、プロジェクター、コピー機などのOA機器がビジネスに必要不可欠なものとなっています。こうした機械を使いこなすのはビジネスでは当たり前になっています。またこれらの機械を使いこなせなければ、会社の中では十分活躍ができません。

また会社だけでなく、一般社会にも新しいルールが生まれてきています。歩きタバコは歩いている子供にとって、火の点いたタバコは目の高さであり大変危険なものです。多くの公共施設では喫煙場所以外は禁煙が求められています。携帯電話も飛行機の中や病院、コンサートや映画館の中、乗り物の優先席付近では電源を切ることを求められます。

公共交通機関での優先席はお年寄り、身体障害者や妊産婦に優先されるものです。小学校三年生以上になったら一般の座席に座っていても、お年寄りに座席を譲らせることを教えなければなりません。空いている座席に我先に殺到するようなことは決して「好汉」のやるべきことではありません。「人」として守るべきルールは社会人として当然、守らなければなりません。

新しい時代には新しいルールが生まれ、社員一人ひとりが新しいマナーを身につける事が求められます。進化論でいわれるように新しい環境に順応できる者が生き残れるという事です。

豆知識

悪習は直しましょう

北京オリンピック開催前に悪い習慣の改善度が北京で大きな話題を呼びました。もちろんあなたは大丈夫ですね。

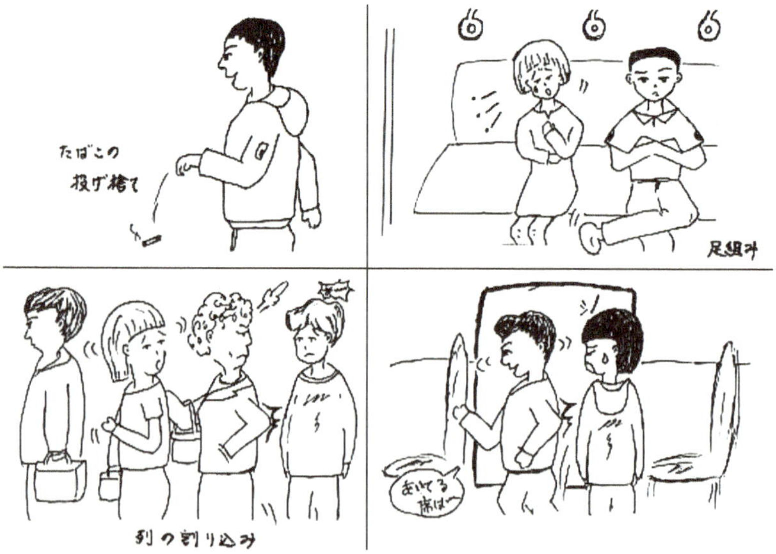

豆知識

Panasonic社の事業観のひとつ：「企業は社会の公器である」

企業は、社会の公器である。事業経営は私事ではなく公事であると考えねばならない。会社が運用している資金、社員、資材は全て社会からの預かりものであり、正しく経営、発展させて、社会の発展と人々の生活向上に貢献するのは当然の努めであり、これが事業の正しいあり方でなければならない。

▶>> 視点・論点～高田

マナーの良し悪しが印象に大きく影響します

中国では携帯電話が普及していますが、本当に電話が好きですね。いつでもどこでも大声で携帯電話で話している声が聞こえます。出張でよく飛行機を利用する機会がありました。離陸直前の飛行機内でも「携帯の電源を切ってください」と再三、注意が放送されているのに、まだ話している人を見かけます。客室乗務員にたしなめられてしぶしぶ電源を切っている光景がまだ見られます。商談中や、会議中にも携帯の呼び出し音が鳴ることがあります。これは相手に対して大変失礼な行為になります。少なくてもマナーモードにしておくべきです。

ある国営企業を訪ねた時です。きちんと整理された商談室に通されました。机の上に札が貼ってありました。「商談が終ったら、灰皿やお茶の茶碗を片付けること。椅子や机をきちんと元通りに整理しておくこと、黒板も全て消してきれいにしておくこと。」このことがきちんと実行されていました。私は非常に清々しい気持ちになりました。皆さんも考えてみてください。あなたの家にお客様がこられるときは、きちんと掃除をしてお客様を迎えるでしょう。同じことなのです。

ルール違反の実例

1. データの流失事件

業務が忙しかったので会社のデータをＵＳＢメモリーに移して自宅で仕事をしようと思った。

（事例 1） 帰宅途中の電車のなかでＵＳＢメモリーの入った鞄を紛失した。

（事例 2）自宅パソコンにWinny（ファイル共有ソフト）がインストールされていたために会社の情報が流出し、会社に甚大な損害を与え、会社の信用を傷つけた。一部の顧客からは損害賠償の訴訟が起された。

＊本人の知らないうちに大学生の長男がWinnyを父親の自宅パソコンにインストールし、留守中に使っていたのです。このことで家庭崩壊が起こりました。本人は会社から解雇され、次の就職では年収が三分の一に激減、妻からは離婚され、長男は大学中退という悲劇的な結末でした。

2. 会社情報を利用してインサイダー取引

ある証券会社の社員ら3人がM&Aの情報を利用し、21銘柄の株式の売買で約4,000万円の利益を得た疑いで証券取引等監視委員会が調査し、2008年4月23日に金融商品取引法違反容疑で逮捕された。懲役、罰金、追徴金の判決を受けた。

3. 誰がやっても違反は違反

中国では権力をもった人は何をやっても許される風潮があります。しかし、これは決して許されることではありません。

総経理がもし、くわえタバコで倉庫に入ってきたらあなたはどうしますか？物流の責任者として当然この行為を咎めなければなりません。これが健全な会社なのです。

債権管理の実務をある責任者に任せて二ヶ月が過ぎました。新たに二件の不良債権が発生している。債権管理はその人に任せたのではありません。基準を明確にして「その実行」を人に任せたのです。誰がやっても基準違反は違反なのです。「その人」だから許される、こんなことは決してないのです。

4. 権限の悪用で私腹を肥やす

納入業者と結託し、基準外の粗悪な油に変え、差額を自分の懐に入れる事件が発生しました。高額な製造機械が故障し修理に莫大な費用と時間がかかりました。この件は刑事事件として立件され、いずれ档案にも記入されるでしょう。企業に対する巨額の損害賠償も含め、今後の彼の人生にとって大きな汚点になりました。

視点・論点～顧春

学生時代は試験で１００点満点を取れば、大いに褒められたでしょう。しかし、社会人になって１００%仕事をこなしてもそれは当たり前のこと。自分が精一杯やっても、その成果で判断されます。

会社で仕事をすることはその組織の一員として仕事に参加することです。だから、チームワークが重要になってきます。

ビジネスにおけるチームワークとは何でしょう。それは、周囲とただ仲良くすれば良いということではありません。自分の立場を理解し責任を持って与えられた仕事を遂行することにより、他のチームメンバーとの間に信頼と連携が生まれます。その結果、会社組織がうまく機能し、会社目標に沿って事業を達成していくのです。

チームワークにマナーは必要不可欠です。マナーを守ることによって、チームの一人ひとりに尊重され、業務を円滑に遂行でき、自分、周り、また会社に利益をもたらすことになるのです。

新人のチームワークの心構えは下記の三点が重要なポイントです。

①謙虚に、メンバーの仕事を見覚えること

学校では、嫌になるほど教わったかもしれませんが、会社では、先輩や上司に教わることはとても幸せなことです。多くの場合、先輩の動き、業務の流れ、周りの雰囲気を観察しながら、仕事を見覚えていくことです。

②進捗状況の報告をマメにすること。

メンバー同士がお互いの仕事の分担を理解した上で自分の業務を遂行し、勝手な行動をとらず、上司とメンバーに進捗状況の報告をマメにすること。

③「ありがとう」という気持を持ち、常に前向きに考えること。

生きていく上での辛い出来事を苦労と考えるか、当たり前と考えるかで人生が変わります。「あいつはうるさい奴だ」と考えるより、「細かいことまで行き届き、ヒントを与えてくれた」など、よく人の長所を見て、心から褒め称える。そのようにすれば自分自身も幸せな人間になります。

第⑨章

マニュアルを作る

1.「マニュアル」は身体で覚える

現代の会社では均質的に質の高い仕事をするために「マニュアル」や「手順書」があります。会社で長年培ってきたノウハウです。文書を読んで理解することも大切ですが、きちんと身につけ実行しなければなりません。身体を実際に動かして身体で覚えることが大切なのです。

会社が国際的な品質保証規格ISO9001を取得している場合、マニュアル違反は認証の取消しにもつながりかねません。

2.「マニュアル」解るまで徹底して聞く

仕事はマニュアルに従ってやれば良いだけではありません。先輩を見てください。同じマニュアルに従って仕事をしているのに、先輩のほうが早くしかもきれいにできるのです。この差は何なのでしょうか？ 実は仕事の全てをマニュアルにはできないのです。解るまで徹底して先輩に教えてもらってください。そして、自分のノウハウを加えて自分のマニュアルを作っていくのです。

3. マニュアルがなければ作り上げる

また、職場によっては「マニュアル」が無いところもありますし、また新しい仕事にはマニュアルがありません。試行錯誤しながら作り上げていくのです。この作り上げていく過程が非常に重要なのです。こうした積み重ねられたマニュアルが自分の成長に累積効果として積み上がっていくのです。

豆知識

日本HR協会の手順書「マイタスク」

http://www.hr-kaizen.com/cat2/cat9/

「MY－TASK」は今の仕事を、正確に段取り良くこなすための道具です。正確に、段取りよく、迷うことなく、最短の時間で、最高の効率でこなすための道具――それが「MY－TASK」です。

＊ 私の場合は「MY－TASK」を職場に導入し業務改善を徹底して進めました。

(1) 今の仕事を一つひとつ項目ごとに見直すことによって無駄な仕事の排除、効率化に知恵を絞りました。
この結果、従来5名でやっていた仕事を4名でできるようになり、しかも残業0までこぎつけることができました。また配布する紙の資料も半減できました。

(2) また社員の引継ぎがスムースにできるというメリットもあります。
特に新人が配属された時に大いに役立ちました。

知っておくべき自社の知識

1. 会社の基本的な理念(基本方針、綱領、社訓)
2. 会社の歴史、創業日
3. 就業規則、遅刻・早退、欠勤・休暇の取り決め
4. 会社の具体的内容
生産品目、販売品目、年商(販売推移)、利益、主な取引先
会社の組織構成、経営陣、支店・営業所・工場所在地、従業員数、労働組合
5. ISO取得～国際標準化機構(品質：ISO9001、環境：ISO14001)
現在、ISOの持つ意味は大きく企業の格付け評価の基準になっています。取得には厳しい審査基準をクリアしなければなりません。経営者と社員全

員の取組みが必要です。

視点・論点～顧春

中国では人件費が安く、学歴社会のせいか、お茶や、掃除することは普段、掃除のおばさんの仕事です。

日本の会社では、このようなことは普通の社員でやっています。

あなたが新入社員として、お茶や、掃除をやらされたらどう思いますか。やりがいのない仕事だとか、いやだとかと、思ったら、大間違いです。

お茶はリラックス効果があり、日本の会社では、一日二回ぐらい社員のみんなに出します。時間的には、朝出社した時か十時頃、午後三時頃になります。出す順位は部門の職位の高い人から、低い人へ、お客さんがいるときは、先にお客さんに出します。茶葉は茶さじ一杯で3人分が目安で、お湯の温度は70、80度ぐらい、お茶の量は茶碗の7、8分にしましょう。

たった一杯のお茶で、職場の雰囲気が和らげられ、仕事上にプラスになることがあります。

机を拭く場合は、水滴の跡を残さないよう、灰皿をさげる場合は、灰が飛ばさないように上からかぶせてやっていますか。とにかく、机拭きや、灰皿の掃除のようなことをさげすむ人は、自分がちゃんとそういったことができるのかと確認しておいたほうがいいと思います。

最近では日本の人件費の高さから、一人一人、自分でお茶を淹れるようになりました。しかし、机の上を拭くのは新入社員の仕事です。早めに出社し、全員の机の上をきれいに拭きます。先輩への感謝の気持ちと、まだ給料に見合った仕事ができていないので、進んでやります。

第⑩章

仕事を面白くしよう

1. 仕事を面白くしよう

入社してすぐに職場や仕事が面白いと感じる人は少ないでしょう。最初は仕事を覚えるだけで大変です。しかし、「面白い種」は無数にあります。新入社員だから許される特権「誰にでも教えてもらうことができる」を生かしましょう。まず知ろうとする好奇心を持つことです。新入社員だから、いろいろなことに興味を持ち、いろいろな人に素直に教えてもらうことができるのです。そうするといろいろ面白い発見があります。職場の一員として、職場を面白くしていきましょう。質問するのは恥でも何でもありません。

2. 目標意識を持つ

会社は学校と違い期末試験などありません。では毎日いい加減に仕事をしたらどうなるでしょう。最初のうちはいろいろ注意してくれますが、一年経っても同じようなら、注意するのは時間の無駄であり、「そういう人物なのだ」と割り切って評価されます。会社の仕事を自己の成長につなげ、やりがいや目標を見出し働く喜びを感じることができれば、成長できるのです。自分を伸ばすのは自分しかいないのです。

3. 具体的な目標管理がなければ自己の成長はない

自己成長の目標管理も重要です。漫然と今日一日を過ごすのではなく、今月の具体的目標を定め、毎月チェックしていくのです。さらに今年は、このような営業力、技術、企画力…を身につけよう、あの先輩を追い越そう、といった気概が必要です。また何年後には結婚しようといった私的なことでも結構です。目標がなければ成長はありません。

4. 自己管理

自分の健康、時間は自分で管理することが求められます。

5. 新しいことに挑戦しなければ進歩はない

会社では常に新しいこと、新しい課題への挑戦の連続です。会社に認められるのは常により高い目標を持って挑戦し続ける人です。未知のものに挑戦することは自己の能力を常に高められるという事です。

人材育成指針

人才培养方针

“抱有问题意识,能够实行革新的人”
“理解基本方针、明白事理的人”
“善解人意的人”

＊ **The Buck Stops Here**（自己一定要负全部责任）

“The President — whoever he is — has to decide. He can't pass the buck to anybody. No one else can do the deciding for him. That's his job.”
（http://www.trumanlibrary.org/buckstop.htm）

人材育成指針

「問題意識を持ち、革新を実行できる人」
「基本方針を理解し、筋を通す人」
「人の心のわかる人」

＊ ここが最終決定、他の人に責任転嫁できない（トルーマン大統領）

"行动原则"
(1) 长期、大局、根源
(2) No.1 的思想
(3) 彻底、持续
(4) 改变被动工作为主动工作
(5) 快速判断、快速决定、快速实施
(6) 今天的素质是明天的投资
(7) 培养人才
(8) 改革、新的潮流皆从这里起源

"职员须知"
人的价值是使命感
以必胜的信念进行工作
所有的人、所有的现象皆为我师
社员为主管、主管为经理
越挫越勇才是人生
正面的考虑、正面的发言
以工作为乐
掌握信息的人才是强者

「取組の基本」
(1) 長期、大局、根源
(2) No.1の思想
(3) 徹底、継続
(4) 管理からクリエイティブ
(5) 即断、即決、即実行
(6) 今日の質素、明日への投資
(7) 人をつくる
(8) 改革、新しい潮流はここから生み出す

「社員の心得」
人間の価値は、使命感
ドスを呑んで仕事をする
あらゆる人、現象は我が師なり
社員は係長、係長は経理
逆転こそが人生だ
プラス発想、プラス発言
仕事を楽しむ
情報人間

視点・論点～高田

あなたは会社でどんな社員になりたいですか？

成长路线
1. 勇于面对未知问题
2. 不回避，正面应对
3. 达成或摆脱事态
4. 加深达成后的喜悦和信心
5. 进一步面对未知问题

恶性循环路线
1. 没有面对未知问题的机会
2. 面对未知问题，却要回避
   将问题转嫁给上司和部下等待问题解决
3. 结果渐渐失去周围人的信赖，失去指挥他人的能力，凡事无法妥善解决
4. 无法取得成果，失去信心，逐渐变得消极
5. 失去挑战新事物的勇气

就職活動編

第⑪章

企業が求める人材

会社が求める人材とは一体どのようなものでしょう。

1. 会社は組織で動く

会社は、社員一人ひとりが、組織の一員として、それぞれ分担した仕事に責任を持って働く場所です。組織的に効率よく目的達成のために組織があるのです。その中ではいろいろな能力をもった人が協力して働いています。中にはあなたと気の合わない人もいるでしょう、意見の違う人もいるでしょう。会社とはそのような異能集団の集まりなのです。

例えば製造会社であれば、製造現場、研究開発、販売部門、広告・宣伝、財務など多くの人、組織が関連しているのです。また最近はグローバル化が進み、国を超えた多くの企業が共同で仕事を進めているのです。そうした全体を知り、協力して仕事を進めることで成果が上がってくるのです。仕事で成果を挙げるには、良好な人間関係、協調性やチームワークが大切になるのです。

2. 利益を追求します

会社が大学と決定的に違う点は「利益追求」がある点です。成果の伴わない仕事は全く評価されません。会社は利益がなければ社会に貢献できません。社員に対する給料の支払いも、国家に対する納税も、他社との激烈な競争に勝つための研究開発投資もできません。「利益を上げる」ということは会社にとって存続、生存の条件なのです。もちろん、違法行為による利益は許されません。正々堂々と利益を上げましょう。

3. 自己実現の場です

仕事の中でやりがいや目標を見つけ出し、会社はもちろん社会からもあなたの仕事が認められた時、喜びは一層大きなものになります。仕事を通してこのような「自己実現」ができれば、働く喜びはあなたの人生の喜びになるでしょう。

4. 常に進化が求められます

最近では技術の革新やパソコンによる新しい分野が急速に進展しています。新しい技術の担い手として高給で会社に求められた人材でも、次々に進化する技術に対して日々勉強しなければ、すぐに会社にとって無用の人物になってしまいます。中国のことわざにも「长江后浪推前浪，世上新人换旧人」と言うのではありませんか？ 会社では常に勉強し、進化を続ける人が求められているのです。

5. 個人個人の信用が大事にされます

また会社では多くの顧客に接する販売部門や、サービス部門があります。明るい笑顔で、身体をきびきび惜しまず動かせる誠実な人物が求められているのです。顧客との信頼関係は会社の信用とも関係がありますが、個人個人の信用、例えば「どんな小さな約束でも守る」といった個人的な信用、親切、丁寧な応対をしてくれる社員がお客様から求められるのです。

6. 創意工夫・個性の尊重

さらに、仕事の中では、創意工夫や個性が尊重される仕事もあります。技術開発だけでなく、新しい市場開拓、新しい顧客創造には固定観念にはとらわれない、全く「新しい物の見方、考え方のできる」人間が必要とされます。時代は確実に変わっていきます。ビジネス社会は「強者生存」ではなく、「適者生存」の世界でもあるのです。会社もそこで働く人も時代とともに変わっていかなければ、生存できません。

7. 独立開業の夢

また将来、独立開業する人もいるでしょう。会社によってはそうした独立開業を支援するところもあるのです。積極的で、やる気のある人物が求められています。中国社会には多くの新しい業界、仕事が生まれてきています。

8. 時代に応じて新しい産業が生み出される

海外まで網羅する宅急便会社、単なる倉庫業とは全く異なる物流倉庫、新しい外食産業、地域開発まで行う不動産会社、マンションなどの建物管理会社、パソコンを武器にした顧客情報管理などの情報産業、幼児を対象とした教育産業、新しい企業イメージや商品イメージを発信する広告産業、通信販売会社…これらは時代が要求した新しい産業です。

9. 真面目な、一流技術者への道

ものづくりの現場では、真面目に仕事をこつこつとやる人間も求められています。対人関係の苦手な方でも、こつこつ積み重ねられた技術能力は、大いに会社に貢献するに違いありません。中には世界の技能オリンピックに出場するような高い技術レベルを持った人もいます。

また機械による加工ではどうしてもできない技能を習得すればその人は会社ばかりでなく関連業界にとって、なくてはならない人間となるでしょう。

＊ あなたの能力を求めているところは必ずあるのです。中国の諺にもあるでしょう。「天生我才必有用」です。

▶>> 視点・論点～顧春

企業が求める人材

新卒者が就職する場合、多くの企業から内定をもらっている人もいれば、書類審査ですぐに落とされてしまう人もいます。

企業が本当に求めている人材とは一体どのような人物なのでしょうか。

厚生労働省が発表した「平成 16 年企業が求める人材の能力等に関する調査結果概要」によると、企業が求める中途採用の正社員について、以下の3点が

重要視されています。

1. 顧客の立場に立って対応に務める「顧客志向」
2. 誠実さ・責任感・公平さ・論理的など信頼される態度を示す「誠実さ」
3. 向上心を持って学習し、自己を革新していく「継続的学習」

ある企業が採用したいと思った学生は、ほかの企業も採用したいと思っている場合が多いのです。反対に、この学生は採用したくないと思う学生は会社が変わっても採用したくないと思われる場合が少なくありません。

企業が違っても、違った業種でもたとえ、求める能力が多少異なるにしても、ほしい人材に対する要求はそれほど違っていません。

明るく、積極性のある、顧客第一に考えられる人物が強く求められているのです。

企業の組織

一般的な製造企業の組織

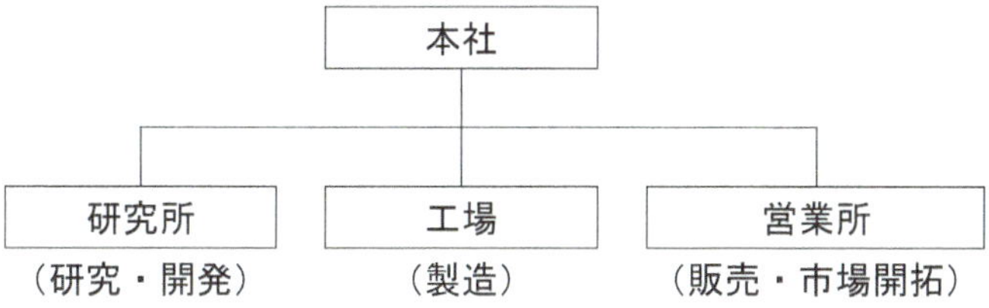

一般的な経営組織

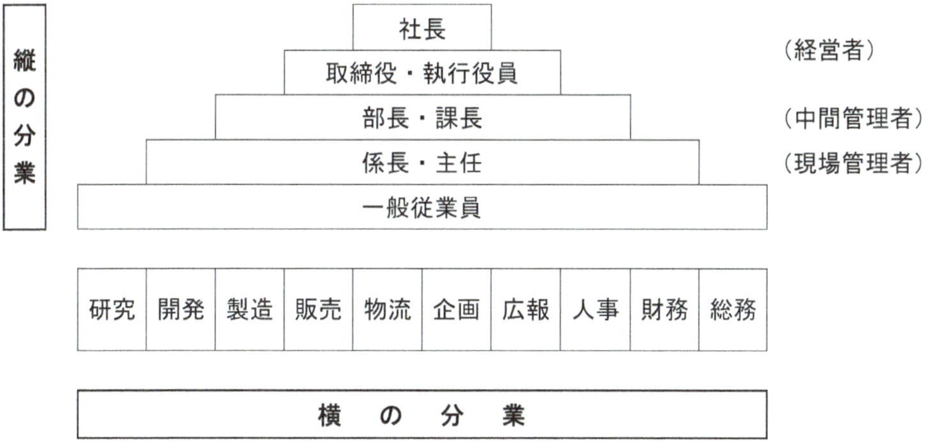

企業理念

多くの企業は、会社としての理念を持っており、それが社会に支持され、生成発展しているのです。会社の理念・基本方針がその会社の仕事を進める上での「憲法」といっても良いでしょう。

有名企業の企業理念、基本方針をいくつか挙げてみましょう。

トヨタ自動車の基本理念　http://www.toyota.co.jp/jp/vision/philosophy/index.html

1. 内外の法およびその精神を遵守し、オープンでフェアな企業活動を通じて、国際社会から信頼される企業市民をめざす。
2. 各国、各地域の文化、慣習を尊重し、地域に根ざした企業活動を通じて、経済・社会の発展に貢献する。
3. クリーンで安全な商品の提供を使命とし、あらゆる企業活動を通じて、住みよい地球と豊かな社会づくりに取り組む。
4. 様々な分野での最先端技術の研究と開発に努め、世界中のお客様のご要望にお応えする魅力あふれる商品・サービスを提供する。
5. 労使相互信頼・責任を基本に、個人の創造力とチームワークの強みを最大限に高める企業風土をつくる。
6. グローバルで革新的な経営により、社会との調和ある成長をめざす。
7. 開かれた取引関係を基本に、互いに研究と創造に努め、長期安定的な成長と共存共栄を実現する。

キヤノンの企業理念　http://cweb.canon.jp/about/philosophy.html

キヤノンの企業理念は「共生」です。共生は文化、習慣、言語、民族などの違いを問わずに、すべての人類が末永く共に生き、共に働いて、幸せに暮らしていける社会をめざします。

現在、地球上には共生を阻むさまざまなインバランスが存在しています。

なかでも、貿易インバランス、所得インバランス、そして地球環境のインバランスは、解決していかなければならない重要な課題です。キヤノンは共生の実践により、これらのインバランス解消に積極的に取り組んでいきます。

真のグローバル企業は、顧客、地域社会に対してはもちろん、国や地域、地球や自然に対してもよい関係をつくり、社会的な責任を全うすることが求められます。キヤノンは、「世界の繁栄と人類の幸福のために貢献していくこと」をめざし、共生の実現に向けて努力をつづけます。

Panasonicの経営理念　http://panasonic.co.jp/company/philosophy/principle/

綱領：産業人タルノ本分ニ徹シ　社会生活ノ改善ト向上ヲ図リ
世界文化ノ進展ニ寄与センコトヲ期ス

私たちの使命は、生産・販売活動を通じて社会生活の改善と向上を図り、世界文化の進展に寄与すること。綱領は、パナソニック・グループの事業の目的とその存在の理由を簡潔に示したものであり、あらゆる経営活動の根幹をなす「経営理念」です。

昭和4年、創業者の松下幸之助が制定して以来、現在に至るまで、私たちは常にこの考え方を基本に事業を進めてきました。また、海外事業展開にあたっても、その国の発展のお役に立ち、喜んでいただけることを第一義としてまいりました。

社会、経済、産業…あらゆる面で大きな転換期にある今日、「社会の発展のお役に立つ」企業であり続けるために、パナソニック・グループは今後も経営理念に立脚し、新しい未来を切り拓いてまいります。

豆知識

国際技能競技大会（World Skills Competition）

ワールドスキルズインターナショナルによって開催されます。参加国の職業訓練の振興と参加者の国際親善・交流を目的としています。青年技能労働者の技能を競う大会です。通称、技能オリンピックといわれています。

大会は、現在、2年に1度(奇数年)開催されており、大会の参加資格は、大会開催年に22歳以下であることとなっています。

(競技種目)47種目

ポリメカニクス、情報ネットワーク施工、製造チームチャレンジ、メカトロニクス、機械製図/CAD、CNC旋盤、CNCフライス盤、情報技術、溶接、印刷、タイル張り、自動車板金、金属屋根葺き、配管、電子機器組立て、ウェブデザイン、電工、工場電気設備、れんが積み、石工、広告美術、家具、建具、建築大工、貴金属装身具、フラワー装飾、美容／理容、ビューティーセラピー、洋裁、洋菓子製造、自動車工、西洋料理、レストランサービス、車体塗装、造園、冷凍技術、ITPCネットワークサポート、グラフィックデザイン、看護、移動式ロボット、抜き型、パン製造、機械組立て、構造物鉄工、木型、左官

ISO：国際標準化機構

ISO(国際標準化機構)の取得は企業の格付けや評価の基準として用いられ、社内だけではなく対外的にも大きな意味を持つようになってきました。

審査基準も厳しく、経営者と社員が一体となって取り組んで初めて取得できるものです。また国によって審査基準が違うということはありません。国際的な標準化です。

最近、中国でも全社を上げて、品質ISO、環境ISOを取得しようと取り組み始めました。社長以下、社員全員で取り組まなければこれは取得できません。社員として積極的な取り組みが求められ、取得すれば企業価値も高まるのです。

1. 品質ISO(ISO 9001)

顧客によりよい製品、サービスを保証し提供するための「管理システム」の標準化です。文書にすることが義務付けられており、「品質マニュアル」「設計

手順書」「指示書」「品質試験手順書」などの文書化が必要になります。

2．環境ISO（ISO 14001）

企業自体の環境管理を目的として、環境方針を作成実施する。このために実施する手順書などの標準化を規定します。資源節約のため、ゴミの細かい分別による再資源化とゴミの減量、休憩時間の消灯、ペーパーレスの推進、機械類の省エネルギー化、循環型資材の設計・選定など、積極的な環境管理が求められています。地球温暖化対策の面からも、環境ISOは重要な意味を持つようになってきました。

豆知識

1．温室効果ガスの削減

最近では地球温暖化問題の深刻化に対処し温暖化ガスの削減が国際的に進められるようになってきました。国際的に二酸化炭素（CO2）の排出削減が厳しく求められ、国別、産業別、企業別に目標が定められるようになり、さらに目標というのではなく、削減が義務化され、達成するためによその国から排出枠を購入するなどの対策も採られてきました。また個々の企業にとっても違反すれば罰金が科せられるようになりました。

2．京都議定書：気候変動に関する国際連合枠組条約の京都議定書

議定書で設定された各国の温室効果ガス6 種の削減目標。京都議定書第3 条では、2008 年から2012 年までの期間中に、先進国全体の温室効果ガス6 種の合計排出量を1990 年に比べて少なくとも 5％削減することを目標と定めた。

アメリカ合衆国の離脱、開発途上国と見做された中国・インドなどが、その後順調な経済的発展を遂げ、大量に温室効果ガスを発生させ、世界有数の排出国となっているにも関わらず、何ら義務を負っていないことも問題視された。

2009 年ノルウェーで開かれたＣＯＰ15で、それぞれ自主行動目標を報告した。

第⑫章

企業向け自己紹介・自己PR

1. 心構えと準備

就職活動をする前に、重要なのは自己の特長をしっかり把握することです。また、「職業観」をしっかり持つことが大切です。その上で積極的に行動し、決してあきらめないことが必要です。

(1) 自己の特長をしっかり分析し、具体的につかむ。

「自分を知る」ことは意外に難しいことです。自分の性格、能力を客観的に評価する。友達に聞いてもいいでしょう。過去の褒められたことを思い出すのも良いでしょう。自分の興味、関心、今まで勉強してきたこと、資格など一度書き出してみましょう。

また、大事なことは短所もしっかりつかむ事です。およそ短所のない人間などいないのです。その上で短所を克服するために、現在どんな努力しているかが大きなポイントなのです。

(2) 就職したい会社の状況をつかむ。

最近ではインターネットで求人情報をすぐに調べることができます。

その業界は伸びている業界なのか？ 業界としての将来性は？

その会社は業界でどのような位置にあるのか？

その会社の製品特徴は？ 市場占有率は？ ISOを取得しているか？

どの部門が人を求めているのか？ その会社の社風は？ …とおおよそのことがわかります。

会社説明会で直接話を聞くのも良いでしょう。その会社に入っている先輩の話を聞いても良いでしょう。場合によってはその会社でアルバイトをし、実際に働いて状況をつかむ事だってできるかもしれません。

第12章

2. 就職への具体的行動

会社の選考はあなたが行動を起こした時点で、もう始まっているのです。会社案内の資料請求のやり取りであなたの常識が判断されます。先輩の話を聞く段階で、先輩から会社の人事担当者へあなたの印象などの情報が伝わっている場合もあるのです。また、会社説明会では一般的には人事担当者が会場に出向きます。その場の面談でつかんだあなたの状況や評価は確実に情報として保存されます。

3. 自己紹介

自己分析と相手の会社の状況がわかった段階で「自己紹介」を書いてみよう。また、面接では必ず「自己紹介してください」と聞かれます。面接では書いてある紙を見て読み上げることはできません。

(1) 面接官の顔を見て。

(2) 紹介する項目を絞り、しっかり順序だてて、はっきりした声で。

(3) 1分程度で自己紹介ができるように、しっかり練習してください。

視点・論点～顧春

自己紹介は具体的実例を話す

自己紹介する場合は、抽象的な言葉ではなく、具体的な事例で、説明する必要があります。

今になっても「私は明るくて、元気のある人です」という自己紹介ですか？

自分といった人物像を初対面の人にきちんと紹介するには、実際に自分の体験したことや、周りの人からの評価を説明すれば、説得力が増すのです。

答1：私は明るくて、元気のある人だと思います。学生時代はいろいろな活動に参加し、活躍している人間です。

答2：私は明るくて、元気な人だと思います。友達も先生もよくそう言っていましたから。私は学生時代、勉強に励みました。貴社に入っても、一生懸命努力します。よろしくお願いします。

みなさんはこの二つの答えを見て、どちらがよいと思っていますか。

二番目が良いと思っている人が少なくないでしょう。「勉強に励む、努力したい」という言葉から、少し向上心があるように感じられますが、答えのレベルは一番目とほぼ変わりません。自分を描く人物像としたら、どちらも不合格です。

どこが明るいか、どこに元気があるか、さっぱり分かりませんね。さらに声が小さい学生なら、逆に「暗いな」と思われてしまいます。活躍していると言いましたが、結局どんな活動に参加して、どんな感想、また経験を得ているか、具体的な実例がないと、まったく嘘のように聞こえてしまいます。

答3：私は小学校から、作文が好きで、チャンスがあれば、多くの作文コンテストに応募しました。賞をもらったこともたくさんありますが、失敗した時もしばしばです。しかし、私は失敗しても、挫折せずに、失敗の原因を分析し、続けて書こうと更に難しい段階に取り組もうとしています。このように、私は、継続性があって、失敗を恐れない取り組みのできる人間です。

答4：私の長所は、継続性があって、失敗を恐れない取り組みのできることです。小学校から、作文が好きで、チャンスがあれば、多くの作文コンテストに応募しました。賞をもらったこともたくさんありますが、失敗した時もしばしばです。しかし、私は失敗しても、挫折せずに、失敗の原因を分析し、続けて書こうと更に難しい段階に取り組もうとしています。

答3と答4と比べて、答4の方が、結論が先にあり、何を言いたいのか、聞いている人は分かりやすいのです。

履歴書を書くにあたっての注意点

「履歴書」に限らず、「自己紹介書」「面接カード」「職務経歴書」など就職活動には書類を書く機会が多い。「履歴書」は複数用意します。また会社によって志望動機が違うので、書いたものは必ずコピーをとっておくことも大事です。面接の時、面接官はあなたの履歴書を見て質問をしてくるのです。

（基本的な注意点）

1. 字が下手でも丁寧に書く。相手に誠意が感じられるように丁寧に書く。
2. 誤字、脱字のないように必ず辞書を引く。

3．少し大きめの字で、楷書で書く。

4．数字は算用数字で書く。

5．うそは書かない。事実のみを書くこと。

＊虚偽申告は解雇につながります。特に学歴によって初任給などの待遇が異なる場合は、給与の返還を求められ、降格や解雇につながります。

6．言葉は略さない。

＊「北工大」ではなく「北京工業大学」、「大外」ではなく「大連外国語学院」、「山外学院」ではなく「山東外国語職業学院」ときちんと書く。

7．できるだけ具体的に書く。

＊抽象的な表現だけでは信用されません。具体的は事例(根拠)を加えます。

8．パソコン、ワープロは志望する企業が要求する以外は使用しない。

9．書き間違えたら書き直しです。修正液は使いません。

(差がつくポイント)

「履歴書」の中には、書いた人がどんな人か、どんな考え方をしているのか、人生観や職業観が判断されます。自由記述欄が特に重要になります。下記項目はしっかり自分の考え方をまとめてから、丁寧に書きましょう。

(1)「アピールポイント」「特技」「好きな学科」

就職を前提にした自己の特長と具体的事例(根拠)を明確に書く必要があります。美辞麗句を並べたものや、抽象的表現は根拠がありません。

(2)「志望動機」

希望する企業の理念への共感、学んだ能力を活かすことができる、その企業への応募意志、社会への貢献などを明確に伝えることが必要です。

(3)「本人希望欄」(特に給料・職種・勤務時間・勤務地・その他について)

給与：貴社の規程に準じます。(安売りをしないように)

具体的に書く場合は根拠が必要です。

職種：具体的な配属場所を記入します(言語能力を活かせる部門…)

勤務地：具体的な場所、海外勤務が可能か、などを記入します。

第⑬章

履歴書　記入のポイント

1. 具体的にあなたの履歴書を作りましょう

自己の特長、相手の会社の状況、求めている職種をきちんと把握できましたか？ その上で、12 課で述べた注意点をしっかり守って実際に書いてください。できるだけ、就職したい業界、会社を想定し具体的に書いて見ましょう。

2. 履歴書に記入した内容は面接で必ず聞かれます

きちんと答えられるかチェックしてください。記入内容が抽象的であれば、具体的に突っ込んで聞かれます。答えても、さらにその答えについて聞かれます。

整理のポイントは

基本的な考え方をしっかり持つこと。

実際にやったこと、できるだけ具体的事例を話すことができるように準備する。

その成果と反省点、周囲の評価。

次への展開、入社後の実務に必ず生かせる資質や、資格、特技。

3. 資格も特技もないというあなた

そんなことはありません。あなたの性格の中には社会にとって、きっと役に立つものがあるはずです。また、あなたが興味を持っているものを述べても良いのです。具体的事例を見てみましょう。

(1)「内向的な性格ですが、根気よくこつこつやることについては自信があります。」

(2)「健康で、体力だけは自信があります。運動はサッカーが好きです。私は主に中盤のミッドフィルダーをやりました。チームを組んでお互いに連携してゴールを奪うのがとても楽しいです。会社に入ってもチームワークを大切に仕事を進めます。」

(3) 相手の会社の仕事への興味を述べても良いでしょう

「私は『食の安全』に貢献したいと思っています。食は本来心を豊かにしてくれるものです。今、食の安全が消費者の重要な関心になっています。その期待に応えたいと思っています。」

「私はパソコンに興味があります。仕事を通じてさらに技能を高め、システムを開発し、世の中に貢献したいと思っています。」

(4) 今現在、資格がなくても「○○○○年○○月、日本語検定N1級取得見込み」でもかまいません。しっかり勉強して、必ず資格を取りましょう。

＊ 実際に入社希望企業を選定し、書類選考や面接を前提に「履歴書」を書く訓練です。書いた「履歴書」を提出してください。この履歴書をもとに面接の実地訓練を行います。

履歴書の書き方：細部まで念入りに記入

応募者はたくさんいます。その中で勝ち抜いていかなければなりません。細部まできちんと書きましょう。皆さんは「こんな細かいことまで、面倒くさい」と思うかもしれません。

細部の重要性を説いた本が中国でも出版されています。読むべき価値のある本です。(参考：《细节决定成败》汪中求/著，新华出版社)

1. 写真～中国では結婚式の写真にお金をかけています。就職のための写真もしっかり念を入れて撮ってください。スナップ写真の切り抜きは使いません。

(1) 3ヶ月以内に撮影したもの

(2) サイズは、各履歴書の写真の欄に大きさが指定されています。

縦36～40mm、横24～30mm

(3) ビジネスにふさわしい服装・髪型で撮影をします。姿勢を正し、少しあごを引いて撮影します。胸から上がはっきり写っているものを使います。

髪が眉にかからないように注意します。

原則はスーツ着用がのぞましい(ネクタイはきちんと真ん中に締める)。

(4) 表情も大事です。あまり硬くならず、微笑んでいるようなものがベストです。誠実な印象を与えるものが良いでしょう。

(5) また、写真の裏に、名前と生年月日を記入しておきましょう。

万が一写真がはがれた場合に備えます。

2. 住所、氏名、電話番号

(1) 氏名の振り仮名

「ふりがな」とあった場合は、ひらがなで、「フリガナ」とあった場合は、カタカナで書きます。

(2) 現住所:省、市から省略せずに最後まできちんと書きます。

(遼寧省撫順市～～○棟○○○号室)

面接通知や採用通知書等が自分の手元に確実に届くように書く。

外国企業の場合、振り仮名はピンインで記入すると良いでしょう。

(3) 電話番号は局番から省略せずに書きます。

特に、省外、当該市以外からの求人には市外局番は必ず記入します。

3. 学歴、職歴、賞罰

(1) 学歴:一行目の中央に「学歴」と書きます。

正式名称で中学校の「卒業」から記入します。

大学は学部、学科まできちんと書きます。

(2) 職歴:学歴の記入後、一行空けて中央に「職歴」と書きます。

在学中にしたアルバイトの中で、特に志望する会社に役立ちそうなものを記入します。

(3)「賞罰」を付け加える

大学からもらった奨学金、大学での活動で入賞した活動、優秀学生、優秀幹部、ボランティア活動、学外活動の入賞歴等々記入します。

(4) 転職者の方は、学歴よりも職歴が重視されます。履歴書とは別に「職務経歴書」を準備し、今までの職歴、業務内容や得意分野を具体的に記入します。

＊ 日本で使われる履歴書の様式は日本工業規格によって標準が定められています。

最近では企業が独自に「エントリーシート」を準備し応募者に記入させることもあります。エントリーシートの書き方も、基本は履歴書と同じです。エントリーシートでは企業の求めているものがよりはっきり示されており、簡潔、的確に記入することが求められます。

視点・論点～高田

競争倍率は厳しいです

上海で営業希望者を中途採用で募集した時です。2名の募集になんと400通以上の履歴書が寄せられました。競争率200倍です。多くの地方から、大卒者が応募してきました。

どのように選考したのでしょう。

1. 文字を丁寧に書いてない「履歴書」はすべて審査対象外です。これで審査対象は約半分に減ります。
2. 書いてある内容が具体的でない抽象的なものは、全部不採用です。
   これで約５０通ほどに絞りました。
3. さらに、2名の社員が内容を再チェックし、2名ともOKが出た20名に対し「面接」の通知を出しました。

皆さん、これで分かるでしょう。応募者はすごい数なのです。

履歴書は

1. 文字を丁寧に書かなければ審査対象にもなりません。
   読まれることさえないのです。
2. 書く内容が抽象的であれば、内容の真偽が全く分かりません。
   具体的な実例（根拠）があり自分の特長をきちんと述べているものだけが書類審査に合格できるのです。
3. 美辞麗句を並べただけの履歴書は意味がありません。
   募集している会社・職種に合わせて具体的に簡潔に記入するものがいいのです。
   ＊ 履歴書は会社ごとに違うものを準備するのです。

履　歴　書

年　　月　　日現在

写真

縦 36 - 40mm
横 24 - 30mm

ふりがな	
氏　　名	
年　　月　　日生（満　　歳）	性別

ふりがな	電話
現住所〒	
ふりがな	電話
連絡先〒	

年	月	学　歴・職　歴（各別にまとめて書く）

記入上の注意　(1) 鉛筆以外の黒または青の筆記具で記入。(2) 数字はアラビア数字で、文字はくずさず正確に書く。(3) ※印のところは、該当するものを○で囲む。

年	月	免　許・資　格

特技・好きな学科・アピールポイントなど

志望の動機	通勤時間 約　時間　分	
	扶養家族数(配偶者を除く) 人	
	配偶者 ＊　有　無	配偶者の扶養義務 ＊　有　無

本人希望記入欄(特に給料・職種、勤務時間・勤務地その他についての希望があれば書く)

（事例）

履　歴　書

2013 年 08 月 18 日現在

ふりがな　こう　しょう　はい　　　　（Gao Xiao hai）		写真 縦 36－40mm 横 24－30mm
氏　　名 高　暁　海		
1991 年 4 月 8 日生　（満 22 歳）	性別　男	

ふりがな　　りょうねい だいれん りょじゅんなんろ にしだん	電話
現住所〒 116044　遼寧省 大連市 旅順南路 西段 6 号 大連外国語学院 本科生公寓 8 番 S 区 868	19012345678
ふりがな	電話
連絡先〒 同上	同上

年	月	学　　歴　・　職　　歴(各別にまとめて書く)
		学　　歴
2007	7	天津市　三十六中学　卒業
2007	9	天津外国語学院　付属外国語学校高校　入学
2010	7	天津外国語学院　付属外国語学校高校　卒業
2010	9	大連外国語学院　日本語学院(専攻国際貿易)　入学
2014	6	大連外国語学院　日本語学院 卒業予定
		職　　歴
2010	9	天津市博愛英語塾　　市場調査(一ヶ月)
2010	11	英語家庭教師　　　　小学六年生(一年半)
2011	8	日本語家庭教師　　　高校三年生(半年)
2012	7	天津市青年旅行社　　日本の団体旅行ガイド(二ヶ月)
		賞　　罰
2012	7	大連外国語大学　日本語学院　優秀学生幹部
2012	8	大連外国語大学　優秀学生幹部
2013	5	全中華日本語弁論大会　東北地方　特等賞
2013	6	大連市第 20 回「キャノン杯」日本語弁論大会　準優秀賞

記入上の注意　(1) 鉛筆以外の黒または青の筆記具で記入。(2) 数字はアラビア数字で、文字はくずさず正確に書く。(3) ※印のところは、該当するものを○で囲む。

年	月	免　許・資　格
2010	6	全国標準語水平試験 二級甲等 取得
2011	9	全国コンピュータレベル試験 二級筆試 合格
2012	6	日本語専攻試験四級　合格
2012	12	大学英語試験(CET)六級　合格
2012	12	日本語能力試験 N1 級　合格
2013	5	大学英語会話試験　合格
2013	6	J・TEST 実用日本語検定 C 級　合格

特技・好きな学科・アピールポイントなど

私の特長は常に困難に負けない向上心を持っていることです。

二年生の時、日本語弁論大会「キャノン杯」の校内選手選抜会に参加しましたが落選しました。しかし、その後も努力を継続し、三年生の時、再度挑戦し準優勝を勝ち取りました。

また、明るい性格で責任感も強いほうです。一年生の時から芸能部に入り、部員と一緒に文化祭や五・四活動に参加しました。大学に優秀学生幹部と認められました。

<table>
<tr><td rowspan="3">志望の動機
私はお客様に直接接するサービス業、特に顧客管理に興味があります。
貴社の顧客重視の考えに共感しました。私の芸能部での経験と明るい性格は多くのお客様と良い関係を築くことに役立つと思います。
一人一人のお客様に対し、満足を提供している貴社に共感し応募しました。</td><td colspan="2">通勤時間
約　時間　分</td></tr>
<tr><td colspan="2">扶養家族数(配偶者を除く)
なし　人</td></tr>
<tr><td>配偶者
＊　無</td><td>配偶者の扶養義務
＊　無</td></tr>
</table>

本人希望記入欄(特に給料・職種、勤務時間・勤務地その他についての希望があれば書く)

希望給与：御社の規程に準じます。

希望職種：中国語と日本語を活用できる部門への配属を希望します。

希望勤務地：天津、北京ですが転勤可能です。(日本勤務の機会を与えてください)

（悪い例）

履　歴　書

2013 年 04 月 10 日現在

写真

縦 36 − 40mm
横 24 − 30mm

ふりがな　　　り　　もう	
氏　　名 李　　蒙	
1990 年 10 月 1 日生　（満 22 歳）	性別　女

ふりがな	電話
現住所〒 北京市朝陽区麦子店正街 5 号楼 1105 室	010-6754-0000
ふりがな	電話
連絡先〒 北京市朝陽区麦子店正街 5 号楼 1105 室	1391-001-0000

年	月	学　歴　・　職　歴(各別にまとめて書く)
		学　歴
2003	09	北京市五十六中学校　入学
2006	07	北京市五十六中学校　卒業
2006	09	北京市第四高等学校　入学
2009	07	北京市第四高等学校　卒業
2009	09	北京工業大学　外国語学院　日本語学部　入学
2013	07	北京工業大学　外国語学院　日本語学部　卒業(見込み)
		職　歴
2012	01～	北京日立北工大信息系統有限公司　翻訳(アルバイト・六ヶ月)

記入上の注意　(1) 鉛筆以外の黒または青の筆記具で記入。(2) 数字はアラビア数字で、文字はくずさず正確に書く。(3) ※印のところは、該当するものを○で囲む。

年	月	免　許・資　格
2012	12	日本語能力試験 N1 級合格(145 点)　取得
2012	07	中華人民共和国自動車運転免許　取得
2012	12	全国大学英語試験 4 級　取得
2013	03	会計士資格証明証　取得

特技・好きな学科・アピールポイントなど

私は絵を描くこととアニメ、読書、水泳が好きです。

明るくて、人とよく付き合えます。チームワークを重視し、真面目に働きたいと思います。

趣味が書かれていますが、抽象的な言葉で人物像がはっきり描かれていません。「チームワーク重視」という言葉を使いましたが、具体的な例がなく、説得力がないどころか、嘘のように聞こえています。せっかくアルバイトの経験あるのに、感想などは書かれていません。部活などもあればそこから得たスキルを書いておくこと。

志望の動機	通勤時間	
貴社の経営理念に共感し、貴社の繁栄のために、お役に立ちたいと思っている。	約　時間　分	
	扶養家族数(配偶者を除く)　0 人	
	配偶者	配偶者の扶養義務
	＊　無	＊　無

貴社の経営理念は何だろうか書いていないので、この会社に入りたいという意欲と誠意が感じません。就職観・人生観・職種観を明確に。

本人希望記入欄(特に給料・職種、勤務時間・勤務地その他についての希望があれば書く)

（良い例）

履　歴　書

2013年10月5日現在

ふりがな　　そう　ていてい　　(Zhuang Ting ting)		
氏　　名 荘　婷婷		
1990年12月10日生　（満22歳）	性別　女	

写真

縦36－40mm
横24－30mm

ふりがな	電話 010-6562-0001
現住所〒 北京市東城区五老胡同5号	
ふりがな	電話 1351-001-1000
連絡先〒 北京市東城区五老胡同5号	

年	月	学　歴　・　職　歴（各別にまとめて書く）
		学　歴
2006年	07	北京市第二五中学校　卒業
2006年	09	北京市第二五高等学校　入学
2009年	07	北京市第二五高等学校　卒業
2009年	09	北京工業大学　外国語学院　日本語学部　入学
2013年	07	北京工業大学　外国語学院　日本語学部　卒業（見込み）
		職　歴
2012年	01	北京完美生活広告有限公司　場務（一カ月）
2012年	07	普楽普公共関係有限会社　アシスタント（二ヶ月）
		賞　罰
2009年	5	北京工業大学日本語カラオケ大会　一等賞
2010年	10	北京工業大学　学習優秀賞

記入上の注意　(1)鉛筆以外の黒または青の筆記具で記入。(2)数字はアラビア数字で、文字はくずさず正確に書く。(3)※印のところは、該当するものを○で囲む。

年	月	免　許・資　格
2012	3	日本語能力試験 N1 級合格(165 点)
2012	4	J-TEST 787 点獲得(日本語能力試験一級相当)
2012	9	大学英語四級合格(574 点)
2012	3	TOPJ 実用日本語運用能力試験高級 B 合格
		(J-TESTの準 B 級 700～799 点相当)
2013	2	大学英語六級取得

特技・好きな学科・アピールポイントなど

特技：流行している中国と日本の歌を歌うこと。

趣味：国内外のファッションについての雑誌を読むこと、ヨガ、美容体操

得意科目：数学、経済学、国際貿易学、日本語の読解

私はおとなしくて、周りの人とよく付き合うことができます。どのようなことをやっても、必ず事前に計画を立て、計画に従って最後までやりぬきます。勉強や仕事に対していつも真剣に取り組み、細かいところまでよく気が付き、できるだけ完璧に完成しようと努力しています。また、チームで問題を取り扱う時、私はいつも自分の考えを持った上、他の人の意見もよく聞きます。つまり、チームワークを重視し、ほかの人と交流する、協調する能力があります。

私は常に「負けず嫌い」というような気持ちを持っています。どのような難しい問題でも解決方法があり、やるべきことがどのように多くても、一旦実際にやったら、だんだん少なくなり、きっと完成できると思います。

志望の動機		
貴社の理念、国際企業として「共生」の考え方に共感を覚えました。「自分の意見を持ち、相手の意見をよく聞く」 私の特質は「共生」を推進できると考えています。大学で学んだ英語、日本語能力も十分生かすことができます。このように考えて貴社に応募いたしました。	通勤時間 約　時間　分	
	扶養家族数(配偶者を除く) 人	
	配偶者 ＊　有　無	配偶者の扶養義務 ＊　有　無

本人希望記入欄(特に給料・職種、勤務時間・勤務地その他についての希望があれば書く)

特になし

第⑭章

面接のポイント

1. 面接は就職試験では決定的な要素を占めています。

もちろん簡単な筆記試験や履歴書での書類選考はありますが、やはり最終決定は本人と面接官の実際のやり取りで人物が判断され決まる場合が多いのです。

2. 面接時間は平均して一人15分程度です。

この短い時間の中で「いかに自分を表現し、売り込むことができるか」がポイントとなります。

3. 面接官は通常、人事部門の社員と採用する部門の部門責任者の場合が多い。

面接官は事前にあなたの履歴書を見ています。基本的な質問事項も決めています。人事部門の社員は履歴書に書かれている項目を確認します。その上で「自己紹介してください」と始めることが多い。

4. 回答の内容も重要ですが、あなたの「物の見方・考え方」、「心構え」を重視します。

「履歴書」「自己紹介書」に記入した内容をもう一度読み直し、自分の考えを整理しておくことが重要です。面接を通して、あなたの表現力、理解力、積極性、責任感、協調性などを見るのです。

5. 面接は採用するための試験ですが、落とすための試験でもあるのです。

応募者はあなた以外にも大勢います。最近では大卒者の3分の1は就職が厳しい状況です。

あなたを困らせるような質問も用意されています。そうした場合、決して面接官と議論してはいけません。自分の考え方の基本に戻り冷静に受け答えします。

どうしてもわからない場合は、無理に答えず、素直に「わかりません。」と言いましょう。

▶▶▶ 視点・論点～顧春

面接の苦手な人

どうしても、面接の苦手な人がいます。面接の技術を身につけることは、嘘の自分を見せるのではなく、本当の自分の力を十分に見せるためです。

だから、面接を受ける前に、よく自分のことを研究し、自分の長所、短所はそれぞれ何かを知ることです。自分だけでなく、自分の親、親戚、友人から聞いて、本当の自分を発見することです。

そして、面接で答えたいことを書くこと。試しに自己PRを声出して、練習してみましょう。繰り返す中で、まとまりのある回答になり、表現力やコミュニケーション力が高いと評価されることにつながっていくのです。また、自分の書いたものを両親や友達に見せて、感想を聞くことも大切です。「ここはちょっと大げさじゃない？」、「ここを聞かれたらどう答えるの？」など、家族や友達に恥ずかしいと見せられないうちは、まだ自分自身には自信をもっていないのです。だから、自分の頑張りで、自己PRや志望動機や想定問題をまとまりのある話にしておいて、面接の場で緊張に負けないように答えることが最も重要なのです。

面接試験官の目

面接では、質問に対する回答も重要ですが、実はあなたが面接会場に入室する時から始まっているのです。

1. 挨拶ができているか。

まず、ノックをし、「どうぞ」の許しがあった後に入室します。

「失礼します。」

名前をきちんと名乗り、挨拶をします。（名前は氏名をきちんと言う）

「面接に参りました、劉暁明と申します。よろしくお願いします。」

終了時には「本日はありがとうございました。」

部屋を出る時は、「失礼します」と挨拶をします。

2. 動作がきびきびしているか。

緩慢な動作はなんとなく愚かに見え、印象を悪くします。

3. 身だしなみの基本はまず清潔、汚れている服はそれだけで落とされます。

学生らしく清楚で若々しいか、ヘアスタイルは派手でないか観察されます。

メイク～あなたたちには若さがあります。厚化粧する必要は全くありません。

自然を生かした軽いメイクで十分です。

4. 椅子にかけるときは、深く腰をかける。後ろにはもたれかからない。

背筋を伸ばし、あごを引く。女性は足をそろえて座る。

男性はこぶし二個分足を開いて座る。手は軽くひざの上に置く。

5. 顔を正しく正面に向ける。

視線は相手の口元から胸元に向ける。

質問に答える時は、相手の目を見て、生き生きと話す。

6. 言葉づかいはきちんとしているか。

声をきちんと出す。

面接官が聞き取れないような小さな声は自信がない印象を与えます。

少し大きめの声で、ゆっくり、はっきり話すようにします。

あまり難しい、思想的なことはあまり話さない。

日ごろから、言い方を口に慣らしておく。ついうっかり、面接官の言い方に影響されてしまいがちです。気をつけましょう。

面接官　「お父さんは何をしていますか？」

受験者　×「お父さんは…」、　○「父は…」

第⑮章

面接の想定質問

面接の質問で一般的に聞かれる問題は、「履歴書」や「自己紹介」として先に志望する企業に提出したものに関連しています。またそのほかには、時事問題や業界知識など広範に聞かれる場合もあります。落ち着いて答えるようにしてください。どうしてもわからない質問には素直に「申しわけありませんが、そのことについては知りません」と答えましょう。

1.「あなたの自己紹介してください」

まずこの質問は、志望者をリラックスさせるために、最初に聞かれることが多い。ポイントを事前にまとめておくことが必要です。(1分程度)

(1) 相手はあなたの履歴書を見ています。履歴書に書いてあることを具体的実例で話すようにしてください。

(2) 面接官はその内容についてさらに質問します。ここからが面接本番です。要は、話した内容が表面的なのか、それとも、実際のことなのか確かめているわけです。

＊ あなたは、自己紹介で話す内容と、次に来る質問に備えていなければならないということです。

2.「私どもの会社に入社したい志望動機はなんですか？」

「この会社に入って何をしたいですか？」

この質問も、すでに提出している「履歴書」に書いてあります。決まりきった言葉での答えはあまり役に立ちません。さらに自分の適性も含めて答えなければなりません。事前に準備した、「自己分析」と「志望する会社の情報」をきちんと話すことが必要です。

(1) 自分の言葉でやりたいことを明確に答えられるかどうかがポイント。

(2) 給与や待遇だけでなく、自己実現、お役立ちの精神があるか?

(3) 会社に入っても実業の世界で学ぶことはたくさんあります。
謙虚に学ぶ姿勢があれば評価されます。

(4) 必ずしも希望する部署に配属されるとは限りません。
会社はあなたの長期的育成を考えて配属場所を決める場合があるのです。

3.「大学で学んだことは何ですか?」

「専門課程では何を学びましたか?」

「卒業論文のテーマは何ですか?」

大学での良い点は論理的思考ができること。問題の解析力が高まり、具体的な解決法を思考できる点です。しかしどうしても理論的ですが実践向きでない場合があることを念頭に置かなければなりません。

(1) 学んだことはなにか? それを今後どう生かすのか?

(2) 専門分野を一般の人がわかるように話ができるかもポイントになります。
具体的事例を交えて、相手が理解できるように話すことができれば、あなたの説明能力は一層高く評価されます。

4.「学生生活で楽しかったこと、つらかったことは何ですか?」

学生生活は勉強でも、クラブ活動でも一生懸命に送った人は、会社に入っても、同じように一生懸命に仕事に取り組んでくれると考えるのが普通です。

(1) クラブ活動、大学行事、対外活動、受賞歴、資格試験、交友サークル関係など自分が一生懸命取り組んだことを話してください。

(2) 具体的事例の中で、リーダーシップ、協調性、対外交渉力などを培ったほかに、共同活動の重要性や時間を守る習慣など身についたことも話してください。

(3) 熱中するあまり、時間オーバーにならないように注意してください。
整理するポイントは、実際の体験、自分で感じたこと、身についたこと、外部からの評価に分けて考えると整理ができます。

5.「自己の特長を2分以内で話してください」

「自分を私に売り込んでください」～営業部門を希望している人にはこのような質問も出されます。

前に練習した発表訓練が役に立つところです。具体的な特長の内容、話す態度、姿勢、表情、声の大きさ、話し方の速さ、視線の向け方、面接官の反応など、あなたならもう十分できることです。

6.「自分の欠点は何ですか？ 克服するためにどんな努力をしていますか？」

この質問に戸惑う方が多いようです。特長があれば欠点もあるのが人間です。欠点を認識できていれば、人は謙虚になれるものです。

(1) 自己の特長、欠点を明確に認識しているか。

(2) 長所を生かし、欠点を補う具体的な努力をしているか。

7.「先ほどの自己紹介を日本語(英語)で話してください」

これは外国語能力の確認です。もうあなたならこの質問には答えられますね。

8.「最近読んだ本は何ですか？」

「今朝のニュースは？ 面白いものがありましたか？」

「今日の人民元のレートは？」～貿易会社ならこんな質問も飛び出します。

最近読んだ本や、ニュースの感想を聞けばあなたの興味を持っているもの、物の考え方がわかります。

(1) 急速に変化する中国では学ばない人間は脱落していきます。

(2) 2～3冊、具体的にあげることができるように準備してください。

(3) 感想などポイントをまとめておく。

9.「あなたのしたアルバイトで、何か感じたことがありますか？」

「仕事はどうでしたか？」

この質問には単なる学生のアルバイト、「お金を稼いだ、労働がきつくつらかった、父母の苦労が分かった、お金は倹約しよう」などのほかに、何か今後の会社生活に生きる貴重な体験をしたのか？ 学園生活とは違って感じたこと、得たものがあるのか？ 厳しい面があったのか？ 聞いているわけです。単にだらだらと経験を述べるだけでは失格です。

(1) 会社では、規律があり、上下関係があり、期限や、報告義務があります。また学生仲間とは違って、気に入らない人だっていたはずです。アルバイトであっても100%の仕事をすることが要求されるのです。そんな中で、あなたが感じたことはとても大きなことのはずです。

(2) 自分が実際に体験したもの、そこで感じたもの、そこで学んだもの、これから社会に出て活かせるもの、と分けて整理しましょう。

このように、順序良く話ができれば、面接官も納得するでしょう。

▶>> 視点・論点～顧春

顧客第一に考えられる人物が強く求められている

ある旅行会社の面接の質問です。

「理屈の通じないお客様に会ったら、どうしますか」

ツアーの契約書を出して、お客様のおっしゃっている無理を責めるのですか。

それとも、お客様が納得するまで説明するのですか。

あなたには、いろいろな方法が考えられます。お客様がなかなか理解してもらえないので、お客様とトラブルになり、もめる状態に入ってしまうかもしれません。

お客様は神様、「お客様第一」と分かっていれば、お客様の立場に立って、もう一度考えてみると、どんなに無理な要求に見えていても、その理由が理解できるようになります。理由が分かれば、必ずより良い解決の方法が見つけられます。

相手の立場で物事が考えられる人はどの会社でも採用したい人物です。

視点・論点～高田

私は面接官を何度も経験しました。

(1) 態度の尊大な人はまず採用しません。

(2)「自分を私に売り込んでください」と訊ねます。

自己分析ができているか聞いているわけです。長所は履歴書を見ればわかりますが応募者の表現能力や積極性を見ているのです。

(3) その次に必ず聞くのは「あなたの短所は何ですか？」と訊ねます。

短所を具体的に答えられない人が多いのです。この世の中に短所のない人間などいません。

「十全十美」などありえません。その人が長所に思えることが実は短所かもしれないのです。

大事なのは「短所の克服に具体的に何をしているのか」なのです。

(4) また最近読んだ本は何ですか？ と質問します。

学生である以上何らかの本は読んでいるはずです。読んでいなければ学生といえません。「书名」「读后感」などを質問します。志望者の興味や考え方がわかります。

志望者の回答についてさらに尋ねます。そうすれば、考え方も本当に読んだのかどうかもわかるのです。

視点・論点～顧春

演技をしてもバレますよ

面接で、明るく積極性があり学習熱心な人物であるかのように、うまく演技すればよいと思う人も少なくありません。しかし、残念ながら、面接に慣れている人事担当者は、すぐに「演技だ」と分かってしまいます。あれもこれも勉強した、興味を持っているとアピールしても、「どんな資格を持っているのですか、どんな特技を持っていますか？」と、質問されたら、すぐに演技はばれてしまいます。

日頃から関心を持った事項を研究して、自分の好きなものを積極的に勉強しておく、そういう姿勢がとても大切です。あなたの実力は、日頃の積み重ねなのです。

転職者へのアドバイス:「職務経歴書」を準備する

1.「前職で何をされていましたか?」

もしあなたが転職者なら、必ず、前職のことを聞かれます。

転職者の方は、学歴よりも職歴が重視されます。

履歴書とは別に「職務経歴書」を準備し、今までの職歴、業務内容や得意分野を具体的に記入します。また希望職種も具体的に記入します。

これだけであなたの評価、信頼感がグッと高まります。是非、準備してください。

＊ 前職での成果をとうとうと話す人がいます。こんな人には「いつからわが社に出社できますか?」と聞きます。「来週から来ることができます。」会社には業務の引継ぎや、仕事の区切りがあります。財務なら月次決算が終わった後とか、必ずあるはずです。そうした大事な仕事を放り出し、来る人などもってのほかです。同じことがわが社でも起こるのです。こんな人を採用するはずがありません。

2.「なぜ転職しようと思ったのですか?」

転職の大きな理由は、

① より良い給与や待遇を求めて。

② 前の職場での人間関係が悪くなったから。

③ 昇進の見込みがない、特に人間関係で昇進が決まる職場から逃げ出す人も結構います。

こうしたことを面接官はすべて知っています。

転職希望者からは新しい挑戦、貴社の発展性、自己実現といった言葉が並ぶのですが、転職の理由を踏まえて自分として、どうしたいのかきちんと言える人に好感が持てます。

第16章

面接　身だしなみ

面接では総合的にあなたを見て判断します。その中で身だしなみは、試験官に大きな印象を与えます。ホテルや飲食業などのサービス接客業、会社での営業部門など顧客相手の仕事は特に、あなたの身だしなみが重視されます。

1. まず、なんといっても清潔感です

清潔感がなければ企業は採用しません。面接に来るのに最低の清潔という基準に達していない志望者はそれだけで不合格です。

① 頭からふけが出ている。髪がばさばさ。

② 衣服が汚れている。襟元や袖口に汚れがついている。

③ つめが汚い。

④ 靴が汚れている。

これでは、全く採用どころか、面接する気にもなりません。

2. 余分な飾りは取る

もともとあなたには、輝く若さがあるのです。飾り立てる必要など全くないのです。面接会場はファッションショーとは違います。また企業の求人は水商売の求人とは違うのです。

① ピアス、イヤリング、ネックレスなど一切はずします。

② メイクは自然な目立たないものにする。アイシャドウはしない。口紅も淡い色にする。

③ 髪もロングヘアならきちんと留める。パーマをかける必要は全くありません。もし髪を染める場合でも自然を生かしてちょっと染めるくらいでしょ

う。入社後も接客を担当する部門ではヘアカラー基準「7」以下などの基準を設けている会社さえあるのです。

④ 爪もきちんと短く切りそろえます。ネイルアートはしない。相手が食品会社なら、これは常識です。

3. 服装は落ち着いた色の服にする

① アイロンをきちんとかける。ズボンはプレスをする。

② できたら、スーツで。ブルゾン、ジャンバー類は避けましょう。シースルーの服や、へそだしルックなどは常識外です。

4. 靴はビジネスで使うものにする

① ハイヒールは避ける。運動靴などもダメ。

② バッグ、鞄なども基本的にビジネスで使うものを用意した方が良いでしょう。

視点・論点～顧春

成長ビジョンを持つこと

何かを達成するためには、ちゃんとした目的と正しい方法が重要です。すばらしい人生を送る人もいれば、めちゃくちゃな人生を送る人もいます。運命は宿命ではなく、成功さえも試練です。自分の成長ビジョンを持つことが最も大切です。

どのように成長ビジョンを描いたらいいのか。入社 1 年後から10 年や20 年後の自分像を想像してみたらいいと思います。

まず、10 年や20 年後のなりたい自分を想像します。10 年後だったら、自分はもう30 歳代になっており、会社の中間的な人材として、意欲と経験が充実したものでしょう。それでは、10 年後の自分と現在の自分のギャップを考えてみてください。現在は仕事の知識がない、実績、人脈がない、指導力も貧弱で、少しのサークル体験がありますが、まったくの世間知らずです。

そこで、一年ずつ自己成長の目標を立ててみましょう。入社 1 年目は与えられた仕事に全力で挑戦し、仕事の知識を身につけていきます。2 年目には経験した仕事について自分でできるようになります。先輩や上司から安心と信頼を得ます。3、4 年後は新入社員の面倒を見ながら、新しい仕事に挑戦して、新しい自分に出会います。入社 5〜10 年後は自分の分野のスペシャリストをめざし、チームリーダーとして、自分だけでなく、チームの結果に対して、全責任を負って挑戦していきます…

会社としても、成長することを前提に採用しています。自立意識の強い人、自分がどんな力をつけていきたいか、はっきり分っている人こそ会社から認められるのです。

新入社員研修編－1

第 17 章　服装～身だしなみ

第 18 章　出退勤

第 19 章　話し方のマナー(1)

第 20 章　話し方のマナー(2)

第17章

服装～身だしなみ

1. 身だしなみの基本はなんといっても「清潔感」です

不潔な外見は、相手を不快にさせます。それは外見だけでなく、同時にこの人は「だらしない人」、さらには「ルーズで信用できない人」という印象まで、相手に与えてしまいます。あなたの人間性まで服装で疑われるのです。

人の印象は「会って最初の5分間で決まる。」とまで言われています。相手に良い印象を与えるような服装、髪、お化粧を心がけましょう。

2. あなたは会社の印象に直接の責任があります

お客様や取引先はあなたを通して会社を見ています。会社の印象はその会社の製品と社員の印象で決まります。あなたは会社の印象に直接の責任があるのです。

3. 男性の身だしなみ

髪：　髪は清潔に整えてあるか
寝ぐせやふけはないか

顔：　目やに、鼻毛、ひげの剃り残しはないか

口：　口臭はないか

首周り：　襟などの首周りが汚れていないか
襟は折れていないか

社章：　社章はきちんとついているか

ネクタイ：　歪んでいないか

服：　上着のボタンはかけているか
タグのとり忘れはないか

袖口：　ワイシャツは袖口から1～2ｃｍ出る
　　　　袖口の汚れはないか
手：　爪は清潔にし短く整える
ベルト：　ベルトを締めているか
ズボン：　折れ目はきちんとついているか

靴：　きちんと磨いているか

4．女性の身だしなみ

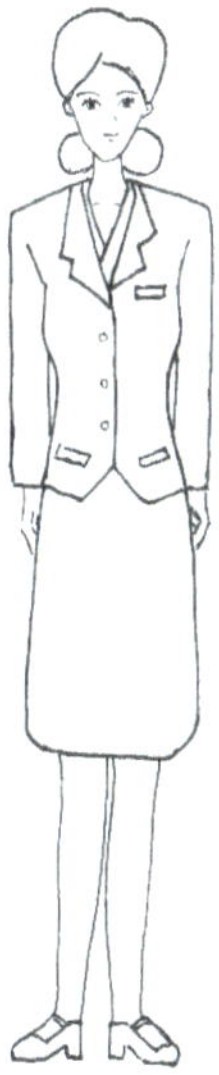

髪：　長い髪はきちんとまとめてあるか
　　　前髪が目にかかっていないか
ピアス：　ピアス、大きなイヤリングは避ける
化粧：　メイクは自然に、きつい香水は避ける
口紅：　口紅の色は適切か
ネックレス：　基本的につけない

服装：　ノースリーブ、シースルーなど
　　　　露出度の高いものは避ける

爪：　爪は長すぎないか
　　　マニキュア、指輪は派手過ぎないか
　　　ネイルアートは避ける

スカート：　スカートの丈は適当か
　　　　　　ミニスカート、ショートパンツは避ける

ストッキング：ストッキングまたはソックス着用
　　　　　　　服装に合わせます。色、柄は適当か
　　　　　　　予備も必ず置いておきましょう

靴：　ヒールの高さは3センチ以内の靴が動きやすく、
身体に無理がかかりません

参考：

アクセサリー：基本的に勤務中は外します。とくに大きいイヤリングは電話応対に不便ですし、ぶつかると音が出ます。

スカート：動きやすい丈の長さが基本ですが、ソファに腰をかけたり、お辞儀をした時に短すぎると気になります。また階段を上る時に後ろが気になるものはオフィスには向いていません。

＊ 個々のものも大切ですが、トータルイメージのチェックが大事です。

5. カジュアルデー、ノーネクタイのオフィスでの服装

最近では夏や冬に省エネのため、ノーネクタイのオフィスも増えてきました。また、業界や職種によっては長髪、ピアスなど許される職場もあります。

しかし、多くの社会人はそんな時でも自分のロッカーに、きちんと背広、ワイシャツ、ネクタイ等を準備しています。それは急な来客や相手企業との商談等に必ず必要になるものなのです。得意先の都合で急な出張だってあるのです。

6. 制服着用を義務付けている会社もあります

一般的な製造業では制服着用を義務付けている会社があります。作業のしやすい服装で作業能率の向上、さらには社員の一体感に役立つという理由からです。

また、安全面から強制される職場もあります。ヘルメットや安全靴の着用などです。電気機械産業では帯電防止の制服、製造業では機械に巻き込まれないように女性の髪にネットの着用、食品産業では衛生面からのマスクや手袋の着用まで職場で決められています。

たいていの会社の場合、制服は貸与です。やはり清潔に心がけましょう。

昼休みなど、制服で外出すれば周囲の人はすぐにあなたがどこの会社に勤めているかが分かります。あなたの行動で、あなたの会社や製品まで判断されてしまいます。常に社員として責任ある行動を心がけましょう。

7. サービス業の身だしなみは、自分を飾るおしゃれではありません

幅広い年代のお客様に好感を持っていただくものです。

(1) 清潔かつオーソドックスなもの

(2) 良識と品位を保ち、初対面のお客様から見ても「安心感」「信頼感」を感じていただけることが必要です。

(3)「違和感」のある服装は避けましょう。

＊「身だしなみ」とはビジネスの場で人に不快感を与えないための気遣いです。

したがって、判断基準は相手にあります。

20代～60代までの幅広い年齢層に好感を与えることが必要です。

＊「おしゃれ」とはプライベートの時間に自分が楽しむものです。

この判断基準は自分にあります。

自分の個性を生かしたファッションを楽しみましょう。

社会人の持ち物チェック

1. 基本アイテム

ハンカチ、ティッシュ、くし、財布、腕時計、筆記用具、手帳

名刺入れ、名刺(常時10枚はいれておく)、

携帯電話、ノートパソコン

女性は身だしなみセット

2. 鞄、バック

① A4の書類が入る　② 軽くて丈夫　③ 自立できる

注意点：

(1) 名刺入れは専用のケースで少し上等の革製品を選びます。

相手から名刺をもらった時、受け皿代わりにもなり、人目に付くものです。

財布や定期入れと兼用してはなりません。

(2) モバイル商品は常に電池切れに注意が必要です。

タバコは必ず喫煙できる場所で吸う

最近は事務室内部では禁煙となっているところが増えてきました。

特に、商品を扱っているところは、タバコの脂が商品についてしまいます。

お客様だけが喫煙を許されると考えてください。

さらに、一般常識として灰皿のないところではすべて禁煙です。

喫煙は同席者の同意を得てから

小さな部屋、タクシーの中や食事の時は、たとえ灰皿があったとしても、同席者の許しを得てからタバコを吸うのが礼儀です。

視点・論点～高田

喫煙マナー

アメリカに行った時のことです。ほとんどのオフィスが禁煙です。どこで吸えるかというと、建物の玄関を出たところにタバコの吸殻入れの大きな缶があり、そこでしか吸えません。

レストランもほとんど禁煙です。禁煙でないところは、換気扇の傍の一番粗末な席です。

中国でも最近、禁煙のレストランが増えていますが、まだまだ、わがままな人がいて、守られていません。

第⑱章

出退勤

1. 出勤は時間にゆとりを持って出社しましょう

ちょっとした交通トラブルがあっても出勤時間に間に合うように家を出ましょう。朝は誰にとってもあわただしいものですが、時間にゆとりがあるということは気持ちにもゆとりが出てきます。

天気予報やイベントなどの情報も事前にチェックします。「明日雪が降る」といった情報があれば当然交通機関に遅れがでたり、多くの人が公共交通機関に殺到するわけですから、早めに家を出るのが原則です。どんな場合でも遅刻をしない、これがあなたの信頼感につながるのです。

2. 会社に着いたら、自分から率先して誰にでも挨拶をする

たとえ仕事の上で交流がない人でも、同じ職場で仕事をしているわけですから、お互いに笑顔で挨拶をすれば、職場が和やかな雰囲気になります。

3. 定刻の10分前には始業体制に入るようにしましょう

今日のスケジュールを再確認し、仕事の段取りを考え、関連部署にすぐ連携が取れるように準備します。また部門責任者から、朝一番に指示されることもあるはずです。手帳と筆記具は必ず机の上においておきましょう。

＊ 万一、予期せぬ交通機関の事故に巻き込まれ、定刻までに間に合わない時は、必ず、始業少し前までに上司に連絡をします。また出社まで時間がかかるときは、今日の仕事のことや連絡したいことを、その時に話します。無断遅刻は許されません。

＊ 急病で休む時も始業前に必ず上司に自分で連絡を取ります。

よほどの重病でない限りは、自分で連絡を取ります。絶対に無断欠勤のないようにします。

視点・論点～高田

挨拶は友人関係の第一歩

中国で勤務していた時のこと、毎朝、出勤時や帰って来た時に、マンションの服務員や警備の人に必ず笑顔で挨拶していました。会社の入り口の警備員にも必ず挨拶をしていました。笑顔での挨拶効果は抜群です。彼らも人間です。何かあったときは必ず駆けつけてくれるのです。

特に、タクシー料金のトラブルの時は大変心強い味方です。外地出張からの帰り、北京空港から公寓までよくタクシーを利用しました。タクシーの3悪「料金メーターをごまかす。道を知らない振りをして回り道をする。お釣りがないといってつり銭を出さない」こんな時に日ごろから挨拶をしているマンションの服務員や警備員は心強い友人です。彼らは決して友人を見捨てることはしません。

4. 退勤時には机の上をきれいに整理整頓します

机の上、机の中の整理ができていない人はそれだけで、だらしのない人、管理能力のない人と思われます。会社には多数の人間が出入りします。見られたくない書類だってあるのです。机の上には電話機とパソコンしかない状態で帰宅します。

社員の中にはいつも書類を探している人がいます。探す時間だって積み重なれば馬鹿になりません。仕事のできる人は書類を探す時間の少ない人です。

5. 周囲の人に気を配ろう

忙しく働いている先輩や同僚がいれば、「何かお手伝いできることはありますか？」と声をかけましょう。

新入社員のあなたはまだまだ仕事は半人前です。上司や先輩があなたの仕事をカバー、フォローしてくれているのです。

終業時刻になったら待ってましたとばかりに、帰るのはそうした上司や先輩に申し訳がありません。一言「お先に失礼します」と声をかけて帰るのが礼儀です。いつの間にか、こそこそいなくなったのでは、皆さんの協力が得られません。

6. 終業後、プライベートな用事がある場合は、事前に周囲に話しておく

仕事には時として突発的なものも入ってきます。重要なプライベートな用事のある時に往々にして残業を命じられることだってあるのです。できれば仕事を優先したいのですが、大事な私用であれば前もって話しておけば帰ることができます。

そんな時でも「明日の朝一番で十時までならできます。」とか、早朝7時に出勤して仕事をやることも、視野に入れる必要があります。

視点・論点～高田

いろいろな職場でいろいろ印象に残る上司の方に出会いました。ある営業所に勤務した時です。その所長は時々課長の椅子に腰かけます。課長の机の引き出しを開けて整理の状況を見ています。乱雑で整理されていない課長は信用されません。重要な仕事からはずされてしまうのです。

こうした上司のおかげで、わたしはいつも整理整頓に気をつけていました。

北京での仕事のときに、部下の課長から感心されたことがあります。何の問題に対しても関連の書類をすっと取り出したことです。しかし、これは感心されることではなくビジネスでは当たり前のことです。給料をもらったらそれはプロです。プロ意識を持って仕事に当たっていれば当然のことです。

正しい呼称

ビジネスでは、自分のことを「私（わたし、わたくし）」を用います。「僕（ぼく）」という言い方は自分と同等、もしくは下の人に用いる言葉です。また、役職に「様」たとえば「〇〇部長様」というのは聞き苦しく、常識外です。すでに役職名には敬称が含まれています。役職者には役職をつけて呼べばいいのです。

また対外の場では、社長であっても呼び捨てにします。「社長の〇〇から挨拶いたします。」

	正しい言い方	間違った言い方
自分の呼称	わたし、わたくし	自分、僕
家族	父、母、 兄、姉	お父さん、お母ちゃん、 兄さん、お姉ちゃん
同僚	○○さん	○○○君
上司	○○部長、××課長 ＊対外では呼び捨て～部長の○○	部長さん
自社	当社、弊社、私ども	うちの会社
相手の会社	貴社、御社（おんしゃ）	
お客様	○○様、お客様	誰
訊ねる時	どちら様、どなた様ですか？	

基本的な社内の挨拶言葉

基本的な挨拶	お辞儀	使う場面
おはようございます	会釈	朝の出社時
行ってまいります		出かけるとき
行ってらっしゃい		上司、同僚が出かける時
ただいま戻りました		帰社したとき
お帰りなさい		上司、同僚が帰社した時
ありがとうございました	普通礼	教えてもらったとき 物を借りて返すとき
ごめんなさい	最敬礼	失敗したとき
申し訳ございませんでした 以後、注意いたします	最敬礼	相手に迷惑をかけたとき
お先に失礼します	会釈	退社するとき
お疲れ様でした	会釈	先に帰る上司、同僚に

第⑲章

話し方のマナー(1)

避けるべき話題を自覚する

1. 社内の機密事項を社外の人に漏らすことのないように気をつける。
2. 人の悪口、個人的な私生活の話題は避ける。
3. セクハラ(セクシャル・ハラスメント)。

対内、対外関係で言葉は変わります

言葉遣いには対内、対外関係をきちんと認識する必要があります。対外に対しては社内の人間は身内になります。したがって上司であっても、「部長の山田が承ります」「部長の佐藤が出席します」というように呼び捨てにします。例え社長であっても尊敬語は使いません。

敬語を知る

敬語は本来相手を尊敬する気持ちを素直に表した言葉です。指導していただける諸先輩や上司、いつも商品を買っていただいている顧客、仕事に協力いただいている取引相手先など、どの人もあなたにとって大切な人です。その方々に「教えて」ではなく「教えていただけませんか」といったように自然に感謝と敬意を込めた表現になるのです。

尊敬語とは、相手の行動に敬意を払う言い方です。「是非お越しください」「召し上がりますか？」といったように相手に対して敬意を表します。

謙譲語は自分をへりくだって相手を高める言い方です。自分の動作に「申す」や「いただく」をつければ謙譲語になります。例えば「こちらからお電話申し上げます」「訪問させていただきます」などの例です。

丁寧語は語尾に「です」「ます」をつけ、丁寧に表現します。

失礼な言葉遣いに注意しましょう

「わたし的には意見がありません」「～的」、は馬鹿そのものです。

「～ってゆーか、○○○でしたよね」仲間言葉はビジネスシーンでは使いません。

「この前のやつ、どうなった」こんな横柄な言葉では誰も相手にしなくなります。

「要するに○○○でしょ」会話の途中で相手の言葉をさえぎり、断定する言い方は相手に対し、かなり失礼な言い方になります。

「食べれる」などの「ら」抜き言葉にも注意しましょう。「食べられる」です。

語尾を上げたり、語尾を疑問形にする言い方もタブーです。

豆知識

セクハラ（sexual harassment）

セクハラは「相手を不愉快にさせる性的な言動」を意味します。判断基準は相手にあるわけで、そんなつもりはなかったのにということは通じません。

相手の身体的特徴を侮辱する発言型、「デブ」「ブス」「ハゲ」。

相手のプライベートに踏み込んだ発言型、「どうして結婚しないの？」

悪質なうわさを流す。

対価型セクハラ、降格や配置転換をほのめかして関係を迫る。

環境型セクハラ、ヌード写真を飾る。

＊ セクハラ問題は解雇事由になります。会社としての対処ができていなければ、会社そのものが訴訟の対象になり、莫大な賠償金や社会的信用失墜が起こるからです。

敬語

敬語の種類

種類	敬語	事例
尊敬語	お客様、年長者、上司を敬い尊敬する言葉	お客様がいらっしゃいます
謙譲語	自分や身内をへりくだって言う言葉	私が承ります
丁寧語	丁寧に言うことで、相手を尊敬する言葉	お客様がお待ちです

尊敬語と謙譲語

（续表）

日常語	尊敬語	謙譲語
いる	いらっしゃる　おいでになる	おる
する	なさる　される　あそばす	いたす
行く	おでかけになる　いらっしゃる 行かれる	伺う　まいる
来る	いらっしゃる　おいでになる お見えになる　お越しになる	参る
帰る	お帰りになる	失礼する
言う	おっしゃる　言われる 仰せになる	申す　申し上げる
見る	ご覧になる　ご覧くださる	拝見する　見せていただく
見せる	お見せになる	ご覧に入れる　お目にかける
聞く	お聞きになる　聞かれる お耳に入る	伺う　お聞きする うけたまわる　拝聴する
知る	ご存知である	存じている　存じ上げる
思う	思われる	存じる
会う	会われる　お会いになる	お目にかかる
もらう	お受け取りになる	いただく　頂戴する 賜る
与える	下さる　賜る	差し上げる　あげる
食べる	召し上がる	いただく
どうする	いかがなさる	どういたす

過剰な敬語は相手に対し卑屈な印象を与えます

二重敬語の例「おっしゃられる」は「おっしゃる」に尊敬の意味があるので「られる」をつける必要はありません。「お召し上がりになられる」は「召し上がる」に尊敬の意味があるので「られる」をつけてはいけません。

誤	正
おっしゃられる	おっしゃる
お召し上がりになられる	召し上がる
お越しになられる	お越しになる
お見えになられました	おみえになりました
申し受けさせていただきます	申し受けます

また、やたらに「お」や「ご」をつけるのも嫌われます。

敬語の誤用

尊敬語と謙譲語の誤用

「○○○様が～と申されました」　正解「○○○様が～とおっしゃいました」

「一緒に参られませんか？」　正解「一緒にいらっしゃいませんか？」

馬鹿丁寧はときに相手が馬鹿にしているのか、と感じます。

「ご都合がおよろしければお伺いさせていただきます」

正解「ご都合がよろしければお伺いいたします」

尊称と謙称

	尊　称	謙　称
会社	御社(おんしゃ)、貴社(きしゃ)	弊社(へいしゃ)、当社(とうしゃ)
家	ご尊家(ごそんけ)	拙宅(せったく)
場所	御地(おんち)	当地(とうち)

丁寧語

基本語	丁寧語	基本語	丁寧語
ちょっと	少々	わたしたち	わたしども
さっき	さきほど	わたし、ぼく	わたくし
きょう	本日(ほんじつ)	あの人	あのかた、あちら様
きのう	昨日(さくじつ)	誰(だれ)	どちら様、どなた様
おととい	一昨日(いっさくじつ)	男の人、女の人	男の方、女の方
あした	明日(みょうにち)	ある	ございます、あります
あさって	明後日(みょうごにち)	ここ、そこ	こちら、あちら

第20章

話し方のマナー(2)

クッション言葉を覚えよう

同じことを言っていても、言い方によって相手の印象が全く変わります。特に、相手にお願いする時、断る時、お詫びの時など、相手を不快にさせない「クッション言葉」があります。

特に、何らかの手違いや失礼があったときは誠意を持ってお詫びしなければなりません。その時はまず相手の方のお話をきちんと最後まで聞きます。途中でさえぎってはいけません。途中での口ごたえや、言い訳は相手の怒りに油を注ぐようなものです。

クッション言葉	事　例
申し訳ありません	誠に申し訳ありません。ただいま在庫を切らしております。 申し訳ございませんが、今回は遠慮させていただきます。
恐れ入ります	恐れ入りますが、こちらへお出でいただけませんでしょうか。 恐れ入ります。ここは禁煙になっております。おタバコはご遠慮いただけませんか。
あいにく	あいにく、担当者が不在です。私でよければご用件をお伺いいたします。
お忙しいところ	お忙しいところ、弊社までご足労頂き誠にありがとうございます。
お急ぎのところ	お急ぎのところ、お手間を取らせました。
お手数ですが	お手数ですが、この書類にサインください。
お疲れのところ	お疲れのところ、お待たせして申し訳ございません。
失礼ですが	失礼ですが、どちら様でしょうか。
ご迷惑とは存じますが	ご迷惑とは存じますが、もうしばらく時間がかかります。 ご容赦ください。
お差し支えなければ	お差し支えなければ、ご住所を教えていただけませんか。

視点・論点～高田

誠実はテクニックを超える

「誠意を持って真心で話す」これ以上のことはありません。敬語をいかにうまく操っても、口先だけでは「慇懃無礼（いんぎんぶれい）」になるだけです。

相手に思いを伝えるには「誠実な応対」が一番なのです。敬語は相手を尊重し丁寧に伝えるための言葉ですが、気持がこもっていなければ、相手に少しも伝わりません。

覚えたい挨拶言葉

ビジネス慣用句（かんようく）です。この通り（とおり）相手（あいて）に言（い）えるようにしてください。

基本的な挨拶	使う場面
いらっしゃいませ	お客様を迎えて
お待ちしておりました	来社予定のお客様を出迎えて
ありがとうございました	見送りのとき
ご用件をお伺いいたします	用件を尋ねるとき
かしこまりました	用件を受けて
失礼ですが、どちら様でしょうか？	相手を確かめるとき
お手数ですがこのカードにご記入下さい	カードに記入して頂くとき
拝見いたします	相手の文書等を見るとき
頂戴いたします	名刺を頂いたとき
お目にかかりたいのですが	訪問時
恐れ入りますが、少々お待ち下さい	相手を待たせるとき
大変お待たせいたしました	待たせた相手に対して
ただいま係りの者が参ります	係りに来客を連絡した後
あいにく○○は席をはずしております	社内の者が不在のとき
どのようなご用件でしょうか？	用件を尋ねるとき
代わりに受け賜ります	用件を代わりに受けるとき
伝言をお願いしたいのですが	相手が留守の場合
○○に、そのように申し伝えます	伝言を依頼されたとき
申し訳ございません	謝る時

（续表）

基本的な挨拶	使う場面
申し訳ございませんが、ここでは、おタバコはご遠慮下さい	禁煙をおねがいするとき
後ほどこちらからご連絡申し上げます	後刻、連絡を差し上げるとき
お差し支えなければ、連絡先をお伺いしたいのですが	相手の連絡先を尋ねるとき
申し訳ありません。そのようにはいたしかねます	断るとき

豆知識

文化庁が発表した敬語の指針（2007年）

敬語の性質		例
尊敬語	相手の行為などについて 相手を立てて述べる	いらっしゃる おっしゃる
謙譲語Ⅰ	相手側に向かう行為などについて 相手を立てて述べる	先生のところに 伺いたいのですが
謙譲語Ⅱ	自分側の行為などを 聞き手に対し丁重に述べる	明日から海外に参ります
丁寧語	相手に丁寧に述べる	です ます
美化語	物事を美化して述べる ＊ 悪い意味の言葉には「お」はつけない 事故・災害・犯罪などは「お」を付けない	お手紙、お料理

＊ こうした分類を覚えるのではなく、前述したビジネス慣用語を日々、練習することで敬語は身につきます。

＊ 発声訓練でスムーズにはっきりした言葉が話せるようになります。

新入社員研修編－2

第㉑章

指示の受け方

1. 最初、新入社員に任せられる仕事は

上司や先輩は、会社の業務に慣れていない新入社員のあなたが最初から会社の仕事を何でもできるとは全く思っていません。

新入社員に与えられる最初の仕事は、補助的な仕事、誰にでも簡単にできる仕事に限られています。優秀なあなたにとってきっと「物足りない」と感じるはずです。しかしどんな小さな仕事にも、目的と期限があります。

2. 簡単な仕事でも100%完璧に仕上げよう

任された仕事はどんなにつまらないように思える仕事でも100%以上、完璧に仕上げましょう。

たとえば、書類のコピーと綴じる仕事を命じられたとします。

① コピーを斜めにとっていないか

② 順番どおりきちんとなっているか

③ 書類に抜けがないか

④ 書類はきちんと揃えられているか

⑤ 綴じ方が間違いないか

ホッチキスで単に留めれば良いと思っていませんか？

書類には綴じ方があるのです。

⑥ 部数は間違いないか

3. その仕事は大きな仕事の一部分なのです

全体の中で自分の仕事の役割を考えることが大切になります。これが分か

るようになれば、仕事自体も面白くなってきて、仕事の完成度はきっと高くなるはずです。あなたのきちんとした仕事を目にした上司や先輩は、次にもう少し上の仕事を任せるようになります。

こうした小さなことでも100%こなす社員にはどんどん新しい仕事を任せてくるのです。「あの新入社員に任せたら完璧だ、しかも早い」という評価を得たら、あなたの将来はきっと明るいものになるでしょう。

4. 疎かにしたり、満足にできなかったら

しかし、つまらないからといって、そんな簡単な仕事さえ満足にできず、先輩の手を煩わせ「あの新入社員に頼むとかえって二度手間で煩わしい」といったことが続いたなら、もう少し上の仕事など任せられるはずなどありません。あなたの評価は、すっかり下がってしまい、忙しい職場では誰も相手にしなくなってしまうに違いありません。

仕事の受け方の基本

1. 仕事を頼まれた時は、どんな仕事でも自分の評価向上のチャンスです

上司から呼ばれたら、すぐに「はい」と明るく返事をし、筆記具、手帳を持って上司の席に行きます。

2. ほかの仕事中でもすぐに対応しましょう

また指示や命令は途中で口を挟まず、最後までよく聞きます。大事な点は上司の指示を正確に理解することです。

3. 確認と復唱

上司の説明が終わったら、不明確な点はすぐに確認し、最後に要点を復唱します。特に、人名、地名、会社名などの固有名詞、日時、金額、数量などには十分注意し確認します。確認されることで上司も安心できるのです。

4. どんな仕事にも必ず「期限」があります

大事なことは上司の指示をきちんと理解し期限内にきちんと仕事をやり終えることです。チームで仕事をしているわけですから、期限を守るということはとても大事なことです。

5. 5W1Hを常に念頭において指示を確認する

5W1H		
When	いつまでに	明日の午前中までに、課長のチェックを受け修正
Where	どこで	201会議室、明日午後2時の会議で使用する
Who	だれが	説明資料を自分が作成する
What	何を	Aプロジェクトの中間経過報告を
Why	なぜ	会議で課長がトップへの報告のために
How	どのように	説明用パワーポイントとA4版の資料、配布10部

＊ このように指示内容を復唱して確認します。このようにして仕事を進めればミスのない仕事になり、あなたの評価も高まるのです。

6. 指示命令に無理がある場合には

多くの仕事を抱えている場合は、上司に状況を説明し、どの仕事を優先するか上司の判断を仰ぎます。

遂行することが難しいまま引き受けてしまい、結局、期限内に仕事を完了することができない場合、関係先や上司、同僚に迷惑をかけるほうが重大な信用失墜です。

7. 仕事は積極的に申し出よう

中国では自分の仕事と、他人の仕事の割りきりがとても強いように思います。良い意味での個人主義ですが、仕事はチームで協力して行っているものです。仕事が早く終わったときや、先輩が残業している時など「何か手伝うことはありませんか？」と一言、声をかけましょう。

仕事を覚える良いチャンスです。また、常に協力関係を意識して仕事をすればあなたが困っている時、先輩はきっと良いアドバイスをしてくれるはずです。また、自ら名乗り出る仕事は、面白くまた責任も伴います。しっかり仕事をして自分の評価を高めましょう。

こうした積み重ねがあなたの将来を確実に切り開いていくのです。

仕事の指示と報告

▶>> 視点・論点～高田

上司に教わった「期限を守る」

私の上司で「期限を守る」ことを習慣にしてくれた方がいます。

その上司は仕事の指示を与える時、「いつまでにできますか？」と必ず聞いてくるのです。

「1週間後にはできます」と回答すれば、1枚のカードを取り出し、指示事項、氏名、完成日付を記入し、日付の入ったカードホールダーの完成予定日にそのカードを収納するのです。期限を守らないわけには行きません。

社員の平均年齢が26歳と非常に若い営業所でしたので、このような方法を取って社員育成を図ってくれたのです。

こうしたおかげで、期限を守るというビジネス習慣はすっかり私に定着しました。

視点・論点～高田

「仕事の引継ぎ」

仕事に慣れ、日常の仕事をきちんとこなしていると先輩の仕事の一部を任せられるようになります。職場であなたが正式な一員として認められたのです。

大事な点は、引継ぎは良い点も、問題点も全てひっくるめて引き継ぎます。「これは先輩がやり残した問題だから、私には関係ない」ということは絶対ありません。全てを引き継ぎ、新しい目でやり残した問題に取り組みます。

解決のチャンスなのです。上司や先輩の知恵も借り、解決すればあなたの地位は不動のものになります。

中国では、えてして、「これは先輩のやり残した問題だから、私には関係がない」と言う態度を示す人がいます。こうした人は組織では「いらない人」です。

第㉒章

報告・連絡・相談

報告、連絡、相談は仕事の基本です

「報」「連」「相」をこまめにする人は信頼されます。それは仕事はチームで行っており、仕事は相互にかかわっており、全体として達成すべき目標、守るべき期限が厳格にあるのです。

1. 仕事の途中経過で中間報告をする

会社の仕事はチームワークで成り立っています。上司への連絡、報告は緊密に行います。上司が常に仕事の進行状況を把握できるようにすることが大事です。上司はあなた以外にも全体の進捗状況を見ているのです。

仕事は対外的なものも多いのです。先方との約束が絡んでいる場合、あなたの仕事が遅れたために期限が守れないようなことがあってはいけません。

またこうした途中経過での「報告」、予定や変更事項など「連絡」、問題が起こった時、迷った時はまず「相談」です。自分ひとりでの思い込みによる間違いや、見落としによるミスを防止する上でも大切なことです。

2. 「悪い報告」ほど早めにする

中国には特に「报喜不报忧」といった習慣がありますが、ビジネスの世界では決して許されません。悪い報告ほど速く報告しなければなりません。

特に、期限までに仕事が終わりそうもないときは、早めに上司に相談し、指示を仰ぎましょう。その時は決して言い訳はしてはいけません。事実を正確に伝えることが重要です。

叱られても決して言い訳や反論はしません。具体的な解決策を相談し、部門としてなんとしても期限を守ることが大切です。

3. 一番困るのは期限のぎりぎりに「間に合いません」という結果報告です

「期限を守ることは仕事の絶対条件」です。ミスや言いにくいことは早めに報告すれば、修正が可能ですが、最後まで黙っていたのでは大きな問題に発展してしまいます。

こんなあなたにはもう重要な仕事は回ってきません。期限を守れない、ミスを報告しないあなたは、もう職場では全く信頼されないのです。

4. 緊急事態、クレームなどはいち早く報告します

特に異常事態の発生やクレームなど、自分の一存で決められない時はすぐに上司に報告、相談します。自分ひとりで悩んでいても、何の解決にもなりません。早めの報告が損害を最小限にとどめる最善の策なのです。

5. 結果を報告しなければ仕事は終わったことにならない

仕事が終わった段階で速やかに報告しましょう。また報告は指示した人に行うのが原則です。催促される前に報告しましょう。指示したほうはあなたがいつ仕事を終えるのかとても気になっているのです。それはその仕事は次の段階のためのものなのです。

6. 報告は結論が先

報告する時は最初に「結論」を述べ、次に「理由や原因」や「経過」を報告します。もし自分の考えや意見があれば最後に述べます。

上司に提案や、意見を言うときは、思い付きではなく、十分に内容を整理し練りあげ、具体的な問題点、解決策の提案をします。

必要があれば、参考資料や現物で説明すればより内容が分かりやすくなります。

第22章

視点・論点～高田

「期限を守る」ことは社会人としての基本

私はある報告を待っていた。

先週出張先のある分公司で、彼にある仕事を命じたのだ。

「この仕事はいつ報告がもらえますか？」

「来週の火曜日にはメールで報告できます」

火曜日に報告は来なかった。

水曜日の午前中まで彼の報告を待ったが何の連絡もない。

私は彼を探し出し厳しく叱責した。

私はこのことを朝会で全員に徹底した。

「どんな仕事にも期限があります。また仕事はお互いに協力しないとできません。自分が約束した期限は厳守すること。これが信頼関係の基本です。営業では相手がいる場合があるでしょう。どうしても期限が守れそうもない時は必ず期限前に連絡すること。これが基本ルールです。ルールを守れない人はこの会社には要りません。」

仕事には必ず期限がある。何時でもどこでも私は聞く。「何時までに」相手に考えさせ、期限を言わせて責任を持たせるのである。

こちらが期限を言う時は必ず念を押す。「一週間後までに報告ができますか？」守らなければ必ず叱責した。このビジネス習慣はきちんと定着した。また部門責任者も彼らの部下に期限を守らせた。

責任者が期限を守らないことを容認しているから定着しないのです。

第㉓章

電話の応対

ビジネスでは電話は欠かせない道具です。相手の方は用事があるから電話をしてくるのです。また電話が鳴ったとき相手は誰なのか、わかりません。しかし電話を受ける時、あなたは新入社員であっても会社の代表者なのです。応対の仕方で会社のイメージが良くなったり、悪くなったりします。電話ではお互いに顔が見えないのですから、声の調子、言葉遣いには注意が必要です。

1. 電話を受ける前に

（1）電話機の操作に慣れる

新入社員の場合は、電話機の操作を事前に学習しておきましょう。内線・外線、転送、保留、部門別の内線一覧表など、必要なものは揃えておきます。あとは、どんどん電話に出て慣れることです。

（2）ダイヤルイン

最近では直接その部門につながるダイヤルイン電話を利用する会社が多くなっています。これは、相手に対し電話転送の時間ロスを少なくすると同時にオペレーターの負担を軽減するものです。

（3）メモを用意する

電話機は取りやすい位置にメモ用紙と一緒に置きます。

（4）周囲の人の予定を大まかに把握しておく

営業部門などは外回りも多い部署です。帰社時間や予定を明らかにしておく、また朝のミーティングでお互いにきちんと今日の行事、会議予定などもつかんでおきます。

2. 電話を受ける

（1）三コール以内に受話器をとる

電話が鳴ったら、すばやく明るい声で電話に出ます。電話のベルが3回なる前に電話に出ます。3回以上鳴ってから出る時は「お待たせいたしました」といって電話に出ます。

（2）きちんと名乗る

「はい、〇〇〇会社の〇〇〇です。」

相手も会社名と氏名を名乗ります。名乗らない場合はきちんと確認します。

相手が名乗ったら「いつもお世話になっています」といいます。

相手の声が小さく、聞き取れない時は「お電話が少々遠いようなのですが、恐れ入ります、もう一度お願いできますでしょうか」と言って言い直してくれるように頼みます。

（3）メモをきちんと取る

「5W1H」の要領でメモを取ります。

＊ 電話なので聞き間違いに注意します。相手の名前でも「張」「章」など相手に失礼のないように確認します。

＊ 数字の「1」、アルファベットの「G」「J」、「D」「T」、「M」「N」など注意を要します。

＊「110」この数を見ると、北京人は「一百一」または「一百一十」といい、上海人は「一百十」とだけ言い、広州人となると「百一」と言います。

（4）相手を待たせる場合は必ず保留ボタンを押す

社内の声が相手に筒抜けになります。

(5) 内容を復唱する

用件が終わったら内容を「念のため、復唱させていただきます」と言って、復唱し間違いないかを確認します。特に日時や数量などは重要な確認事項です。

相手が心配そうであれば、最後にもう一度、「私、○○○が承りました」と名乗ります。

3. 電話を切る

「ありがとうございました。失礼いたします」と言い静かに受話器を置きます。

＊ かけた方から先に受話器を置くのが原則です。

＊ 相手がお客様や明らかに年配者であれば相手が先に電話を切るのを待ちます。

4. クレームの電話

クレームの電話を受けたら、落ち着いて相手の言い分を最後までよく聞きます。お客様の立場に立ってお話をお伺いすることが大事です。相手は話を聞いてもらうだけで、怒りの感情が半減するものです。自分たちのミスであればきちんとお詫びする姿勢が大事です。

苦情の原因を調べ、もしその場で分からない時は、改めてこちらから返事をする旨を伝えます。

自分だけで対応ができない場合は、速やかに担当者や上司に代わってもらいます。

5. 間違い電話

相手のかけた電話番号を確認し、間違いであれば「わが社は○○○○○○番です」と再び間違われないようにします。

▶>> 視点・論点～高田

顧客満足度の向上

あるアメリカの企業で実際に起こったことです。

この会社は顧客満足度の向上に熱心に取り組んでいました。

マニュアルも整備し顧客センターの社員に徹底していましたが、なかなか成果が上がらずに悩んでいました。

あるコンサルティング会社に相談したところ、抜群に顧客満足度が向上しました。

実は簡単なことだったのです。

1. お客の話をよく聞く。
2. 苦情のお客様には相手の怒りを5段階に分けて対応を決めました。
   一番怒りのレベルの高いお客様には、苦情を受けた社員が持っている最高のフレンドリーな声で応対をさせたのです。

＊ いろいろなマニュアルが整備されてきましたが、基本は「人」と「人」、お互いの心の触れ合いが大事だったのです。

電話の取次ぎ

電話に出た時には、社内の人に取り次ぐ場合が多くあります。その時には「相手の社名・名前」をきちんと確認してから取り次ぎます。

1. 名指し人が在席している時

「少々お待ちください」と言って保留ボタンを押します。きちんと名指し人に「相手の社名・名前」を告げ、相手に何度も言わせないようにします。

すぐに取り次げないような場合はかけなおすようにします。

2. 名指し人が不在の時

「相手の社名・名前・用件・伝言」を聞きメモします。

(1) 外出中、「ただいま○○○は外出中です。何時ごろ会社に戻る予定です」
　外出先は相手には告げません。

緊急性がある場合には出先に連絡します。

（2）会議中、「ただいま○○○は会議中です。何時ごろ席に戻る予定です」

（3）来客中、「ただいま○○○は来客中です。席に戻り次第、こちらから電話いたしましょうか？」

面談者の名前は言いません。

＊ 相手が緊急で「取り次いで欲しい」といわれた場合は、相手の用件の要点をまとめ、来客に向かって軽く会釈し、「お話中失礼します」と一言声をかけ、接客中の上司にメモをそっと手渡し、指示を仰ぐ。

（4）電話中、「ただいま○○○は別の電話に出ております。終わり次第、電話いたしましょうか？」

＊ 相手が「電話が終わるまで待ちます」といった場合は、電話を保留にします。長引くようであれば、「こちらから電話をしましょうか？」と相手に尋ねます。

＊「電話がほしい」といわれた場合は必ず電話番号を確認しメモします。

3. 席をはずしている時

「ただいま○○○は席をはずしております。席に戻り次第、こちらから電話いたしましょうか？」

4. 伝言を頼まれた時

「はい、○○○が戻り次第、確かに申し伝えます。私は○○○と申します。ご用件は確かに承りました」

5. 伝言メモは正確にわかりやすく書く～きちんとフォーマットにしておく

（1）相手の名指し人が不在の時「では結構です」と相手が電話を切る場合があります。しかし、伝言メモは必ず記入して残しておきます。相手は用事があるから電話をかけてきたのです。メモで本人に伝えることは当然です。

(2)「伝言メモ」には「相手の社名・名前・電話番号・用件・伝言内容」のほかに、「電話を受けた日時・伝言を書いた自分の名前」をきちんと残します。

＊ 時間の記録は大きな意味を持つ場合が多いのです。例えばクレームで何回も電話がかかってきた時や、電話を受けてどれくらいの時間がたっているのかなど、時間の記録が判断の助けになるのです。

＊ デスクの上のメモが飛ばないようセロテープで止めます。

＊ 外出などから席に戻ったら、まず伝言メモを見て速やかに対応することが大事です。また伝言者に用件が済んだことを伝えると相互に信頼関係が増します。

(3) できるだけ早く「取引先」と「関係する人の名前」を覚えることも大切です。」

＊ セールスや勧誘の電話など、はっきりわかるものは「ここは仕事の場ですのでご遠慮ください」とはっきり断ります。判断に迷う場合は、取り次ぐかどうか本人に確認します。

6. 電話で会社までの道順を尋ねられる事もあります

(1) 相手のいる場所を確認し、最寄りの駅、出口(北口、南口…)出口番号を告げます。

(2) 最寄り駅からの道順(○○○路、○○○街)目印となる大きな建物、所要時間や距離を告げます。

(3) 最後に「お待ちいたしております」と一言添えます。

＊ 最近では正確な住所さえわかればパソコンで地図が検索できます。自社のホームページで、自社までの交通手段、経路や地図を明示している会社が増えました。

7. 社外の人にプライベートな情報は教えない

自宅の電話番号や、私用の携帯電話番号を聞かれた場合

「私が○○○に連絡を取りまして、○○○からそちらへ電話をさせるようにします」と応対します。私的なものは社外の人には教えません。

視点・論点～高田

用があるから電話をよこすのです

ある営業所での出来事です。相手の責任者からこちらの営業所長に電話がありました。営業所長が不在と知ると電話を切りました。

この電話を受けた社員は基本通り、営業所長にメモを残しておきました。

営業所長は帰社後、相手の責任者にすぐ電話を入れました。

相手は商談をしたかったのです。他社へも電話をしていましたが、こちらの対応の仕方に感動しすぐに商談がまとまりました。

電話を相手にかける場合

1. 電話をかける前の準備「電話は3分以内」

(1) 相手の電話番号、所属、氏名をしっかり確かめます。

(2) 用件の要点を箇条書きにメモする。

(3) 必要な書類は整えて置く。

＊ こうすれば忙しい相手に対し手短に的確に用件を伝えることができます。これは電話料金の削減といった効果もあります。

＊ 会社によっては「電話は3分以内」といったスローガンが見られます。

2. 電話では「相手の現在のおかれている状況が全く分かっていない」のです

相手は急ぎの用件で仕事中かもしれません。またミーティング中かもしれません。相手の都合を思いやる一言「今、お話してもよろしいでしょうか？」が必要なのです。特に相手の携帯電話に直接かけるときはこの一言が必要です。

3. 重要な内容を相談する場合は前もって資料をファックスやメールで送信しておく

4. 電話をかける

(1) 相手の会社の方が電話に出たら「〇〇〇会社の〇〇〇です」ときちんと

名乗ります。

(2)「恐れ入りますが、○○課の○○○課長をお願いいたします」と取次ぎをお願いします。

(3) 相手が電話に出たら、まず挨拶「○○○会社の○○○です。いつもお世話になりありがとうございます」

(4) 用件を話します。「○○○の件ですが、○○○でお願いします」と結論から先に話します。理由や経過はそのあとです。

(5) 最後に挨拶「ありがとうございました。今後ともよろしくお願いいたします」。

(6) 電話を切る。「それでは失礼します」と言い静かに受話器を置きます。かけた人から先に受話器を置くのが原則です。

5. 重要な用件はきちんとメモする

話した内容で重要なものは改めてファックスなどの文書で確認する必要があります。電話でのやり取りはあくまで口頭です。時間がたつと忘れてしまうことだってあるのです。

このようにすれば、あとで「言った」「言わない」などというトラブルが生じません。

6. 相手が不在の場合、用件により対応します

(1) 相手の戻る時間を確かめた上で改めて「こちらからかけ直す」、または「ファックスを送る」

(2) 簡単な用件などは「伝言を頼む」

伝言を頼む時、要点を手短に告げ、こちらの社名、氏名、電話番号を伝えます。最後に伝言者の名前を確認します。

(3) 先方の戻る時間が不明だった時など「先方からかけなおしてもらう」ことにします。

7. 緊急時、相手の自宅や休暇中に連絡する必要が生じた時

仕事は基本的に相手のビジネスの時間に行うのが原則ですが、どうしても緊急で相手に連絡する必要が生じる場合があります。

（1）早朝や夜間、また休暇中の相手に連絡を要する時です。

「おはようございます。○○○会社の○○○です。早朝から恐縮ですが、○○○の件でどうしても、連絡することが生じました」

「夜分恐れ入りますが…」

「休暇中のところ大変申し訳ございません…」

（2）相手先の個人的な電話番号が分からないときは、緊急の旨を伝え連絡を取ってもらう。

第24章

携帯電話のマナー

携帯電話を会社で契約し提供している会社が増えてきました。どこにいても相手に連絡のできる携帯電話はうまく活用すれば仕事の能率を上げ無駄な時間が省けます。しかし、そこには守らなければならない基本的なルールがあります。電源を切らなければならない場所や、マナーモードにしておくことが必要な場合があるのです。

1.「今、お話してもよろしいでしょうか？」

こちらから相手の携帯にかける場合は、相手がどこで何をしているかがさっぱりわかりません。まず相手が電話のできる状況にあるのか、「今、お話してもよろしいでしょうか？」と断ってから話し始めましょう。

2. 話すのに適した場所からかける

騒がしい場所からの電話は避ける。どうしても声が大きくなり、周囲の人に迷惑がかかります。

3. 情報の漏洩に気をつける

そこにライバル会社の人間がいないとも限りません。機密事項やプライバシーにかかわるような問題は携帯電話では話さない。どうしても話す必要がある場合は密閉型の公衆電話ボックスを利用するしかありません。情報の緊急性を考えて判断します。

4. 電波の状態が不安定な場所からは避ける

乗り物などで移動中などは電波の状況で話の途中で切れたり相手に声が聞

こえにくい場合があります。

新幹線などの列車の場合、止むを得ない急用はデッキなどでかけます。停車中にかけるのも一つの方法です。基本的には乗り物を降りてから携帯電話をかけます。

5. 歩きながらかけない

歩行者の邪魔になります。邪魔にならないところに立って電話をかけます。

6. 車の運転中は基本的に電話を切っておく

日本でも、中国でも運転中の携帯は法律で禁止されています。周囲への注意が散漫になり、事故の元です。どうしても電話が手放せない状況では車を止めて電話に出ましょう。

7. 携帯電話の電源を切らなければならない場所

飛行機はもちろんのこと、電車・地下鉄・バスの中も基本的に電源を切ります。特に優先席の付近では電源を切ります。心臓ペースメーカーなどの医療用電子機器を使用している人が乗っている可能性があります。

また乗り物に乗車中は騒音で話ができませんし、大声で周囲の人に迷惑をかけるからです。

病院、劇場、映画館、図書館では電源を切ります。

8. 会議中、携帯電話の電源を切っておく

会議のメンバーであるあなたは、重要な参加人です。携帯電話の呼び出し音は会議の進行を妨げるばかりでなく、会議の主催者に対し失礼な行為です。

どうしても緊急電話が入りそうなときはマナーモードにしておきます。

9. 商談中、訪問中は携帯電話の電源は切っておく

商談中や訪問中は相手との用件に集中します。商談中にたびたび電話がかかってくるようでは商談相手を軽視していることになり、非常に失礼な行為で

す。相手に商談を打ち切られても文句は言えません。

注意事項

（1）相手が個人の携帯電話であれば、緊急時以外は携帯電話にかけるのは避けるべきです。

（2）会社から提供されている携帯電話を私的に使うことは禁止事項です。また私物の携帯電話を勤務中に使うことも禁止事項です。

（3）紛失や盗難にも注意が必要です。顧客データや取引先の電話番号などの流失につながるので注意が必要です。

（4）中国では携帯電話が広く普及しており、会社によっては私用の電話を社用に使い、社用に使った分だけ実費精算するようなところもあります。この場合は通話明細書の提出が義務付けられ、実費精算になります。プライバシーを重要視したいなら、個人用と会社用と分けて持ちます。

事例

（1）ある会社の会議中の出来事です。参加者の一人の携帯電話が鳴りだしました。

総経理は即刻「みんなが参加し集中して議題を検討しているときに、君は常識がない、出て行きなさい」とその社員を会議室から追い出しました。

（2）相手の会社の総経理と商談中にAさんの携帯電話が何度も鳴り、そのたびに商談が中断しました。とうとう相手の総経理は「商談は打ち切りましょう。もう帰ってください」と言って商談室から出ていきました。総経理は忙しい時間の中、30分間、Aさんのために用意したのに、Aさんの失礼な行為は許されなかったのです。

（3）せっかく恋人と二人で会ったのに、彼は携帯電話でゲームを遊んでいます。メールのやり取りもしています。こんな彼は絶対に嫌でしょう。自分が嫌なことは相手にとっても嫌なことなのです。

視点・論点～高田

いつでも、どこでも携帯

会議中に突然携帯の呼び出し音が鳴り響く、あわてて会議室を飛び出していく社員。電話を終えて会議室に戻ってきたら、総経理から大目玉である。当然だ。

何度も徹底しているにもかかわらず、こうした光景が見られる。まだ習慣になっていないのである。

得意先と商談していても相手の携帯が鳴り響く、まるで誇らしげに大声でまくし立てる。その間、商談は中断する。たびたび重なると私は相手に言います。「今日は商談を止めにしましょうか？ お忙しいようですから…」

これで相手はやっと気づいて携帯を切り、商談に入ってくれる。

第㉕章

FAXのマナー

1. FAX番号の確認

番号を間違えると、書類によっては重大な問題を引き起こします。送信前によく相手のＦＡＸ番号を確認します。

2. FAXは「私信」ではありません

「多くの人の目に触れるもの」であることを理解しましょう。

3. 「FAX送信票」をつけて送る（雛形をパソコンで作っておく）

記入項目：

（1）受信先の会社名・部署名・個人名

（2）日付

（3）送信枚数、総枚数が3枚ならば、各ページに1/3、2/3、3/3と打っておきます。

（4）送信側の会社名・部署名・個人名・電話番号・FAX番号

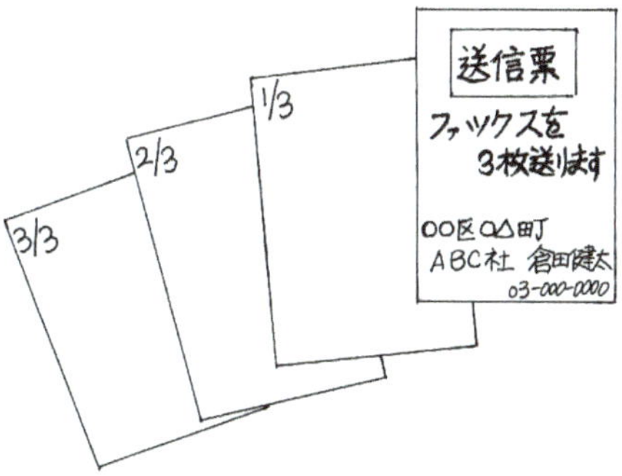

4. 重要な用件は先方に着いたかどうか確認します

重要な用件や緊急の要件はＦＡＸを送った後に、必ず先方に電話をかけて着信を確認します。

5. FAXで送るのに適さない文書

(1) ＦＡＸでは「親展」「秘密文書」を送らない。

多くの人の目に触れやすいのがＦＡＸです。

どうしても急用でＦＡＸしなければならないときは、受信者に該当のＦＡＸ機の前で待ってもらってから、送信します。

(2) ＦＡＸにプライベートな内容は書いてはいけません。

「今度ゴルフに行きましょう」「先日の飲み会は楽しかったですね」といった様な内容などは、決して書いてはいけません。

(3) 挨拶状や、礼状にはＦＡＸは適しません。きちんと手紙やはがきで郵送します。

(4) 小さな文字や不鮮明な図はＦＡＸに適しません。事前に拡大コピーしてから送るなど配慮が必要です。

6. ほかの手段を考える

ＦＡＸは相手の用紙を使うのですから、10枚を超えるような枚数が多い文書の場合はほかの伝達手段を使います。

宅急便、ビジネスバイク便など使い分けましょう。

7. 自社のFAX担当者を決めて管理する

(1) 入ってきた文書を定期的にチェックし該当の社員に届ける。

(2) ＦＡＸの周囲の整理整頓に気をつける。

受信したＦＡＸ、先方に送ったＦＡＸが散乱しないよう管理します。

(3) 用紙切れに注意

備品(用紙、トナーなど)の在庫状況をチェックします。

最近のビジネス用ＦＡＸはデータを保存できるものが多くなってきていますが、基本的に紙切れを起こさないように気をつけます。特に休日前にはチェックを欠かせません。

第㉖章

Eメールのマナー

現代では多くの人がお互いの業務連絡にEメールを活用しています。

電話は相手の状況がどんな場合でも、例えば来客中であっても、会議中であっても呼び出します。急ぐ用事やきちんと相手個人に直接伝える場合は非常に便利ですが、急用でもないのにしょっちゅう呼び出されても困るのです。

そこで、たいていの場合はEメールを利用してお互いの用件をやり取りするのです。これなら仕事の空いた時間に自由に見ることができとても便利です。しかし、非常に便利な反面、きちんとマナーを守る必要があります。

基本要件

1. Eメールアドレスはきちんと正確に入れます。

2. 件名：本文の内容が一目で具体的に分かるような適切な「件名」を書きます。

件名は非常に重要な役割を持っています。

一般的に受信者にはたくさんのメールが届きます。受信者が多くのメールの中から件名を見て今すぐ読むべきか、あとから読むべきか判断できます。

3. 本文：

(1) 相手の社名、役職、氏名をきちんと入れます。

(2) 挨拶を簡単に入れる。

「いつもお世話になり感謝いたします」といったもので、長々しい挨拶は必要ありません。

(3) 名乗りましょう。

長い文書の場合は最初に名乗る。短い用件の場合は後でもかまいません。

（4）連絡文と資料は分けます。資料は添付ファイルにして送ります。

（5）日付を入れます。

（6）最後にはきちんと会社名、所属、名前、電話番号などの入った署名を入れます。

4．添付：

あまり重いもの送らない。分割するか、写真ならサイズを小さくする。

HTML 形式、テキスト形式

相手のメール環境が分からない場合は、基本的にテキスト形式を使います。仕事上でのメールはシンプルが基本原則です。装飾を加える必要は全くないのです。

禁止事項：

私用メールも禁止です。会社では社員の送受信メールを調べる場合があります。

仕事に関係の無いホームページなど見ないようにします。

ビジネスメールに絵文字は厳禁です。

宛先とＣＣ、ＢＣＣについての注意

Ｅメールを送る場合、「宛先」、「ＣＣ」、「ＢＣＣ」をきちんと認識し、使い分けることが必要になります。

宛先：先方のメールアドレスを入れる

複数のメールアドレスを入れると連名での通信になります。

＊ この場合気をつけたいのは、宛先の連名者同士の「メールアドレスがお互いにわかってしまう」ということです。

＊ 会社が異なる場合や、メールアドレスをお互いに知られて困る場合は、別々に打つ必要があります。

ＣＣ：副次的なアドレスです

この欄には、目を通して欲しい人のEメールアドレスをいれます。

＊ この場合も「お互いのメールアドレスがわかります」。基本的に同じ会社、同じプロジェクトなど社内だけでの場合に使います。

ＢＣＣ：宛先者、副次的な宛先者に知られずに第三者に送る場合に使います

この場合は、第三者が複数いてもお互いにメールアドレスも、メールを送ったこともわかりません。

▶>> 視点・論点～高田

（gaoさんのつぶやき）

グラフには用法がある

基本的なパソコンの技術を習得しておこう

ビジネス社会の最も基本的なツールです。これは情報の即時性、経済性、保存性からいって当然のことです。

（1）お互いの連絡、情報交換はEメールが主流になってきました。

（2）文書の作成はほとんどがパソコンでされます。

（3）プレゼンテーションの大きなツールです。

企画書作成、パワーポイントによるプレゼンテーション作成は大事です。

皆さん、中学校で習ったでしょう。棒グラフは量を、折れ線グラフは推移を、円グラフは割合を、移動累計グラフはより長期的な傾向・推移を表します。

（事例～グラフの使い方を知らないパワーポイント）

いろいろなグラフを使って説明しているが、基本的にグラフの使用法を間違えている。推移を話しているのにグラフは棒グラフを使っている。構成比を話しているのにグラフは棒グラフだ。グラフは確かに視覚に訴えかける効果が大きいが、きちんと用法を認識しなければ役に立たない。

パソコン使用の注意

現代では書類の大半がパソコンで作成されています。こうしたことからコンピュータによるデータ・ファイリングを採用している会社が増えてきています。

当然のことながらそこには社員としてきちんと守らなければならないルールがあります。

1. 社内ネットワークによる情報の共有化

最近では、多くの会社がパソコンにより情報をファイリング管理しています。

社内でネットワークを構築し、サーバーに共有データとして保管、管理をしています。多くの人が同時に、同等の情報を共有することによって、情報の統一性、即時性を実現しているのです。

2. メーリングリスト

社内電子メールは必要に応じて、一定のメーリングリストを使用します。例えば部や、プロジェクトメンバー全員のメールアドレスをそれぞれまとめて登録しておくと、部全員やプロジェクトメンバー全員に一斉に同時配信されます。

3. 秘密の厳守

会社が社員に特定の「ＩＤ」「パスワード」を付与し、情報へのアクセスを許可しています。

「ＩＤ」「パスワード」によって、情報へのアクセス範囲、レベルが異なります。当然、社内のいろいろな機密情報が含まれていますので、取り扱いには細心の注意が必要となります。

「ＩＤ」「パスワード」は、他人に教えてはいけないものです。また、情報の持ち出しは禁止事項です。会社の仕事は会社で行います。

ＵＳＢなどでの持ち出しは所定の手続きが必要ですし、盗難などの被害にあうことも考えられますので、暗号化やパスワード保護の処置を取ります。

4. パソコンのソフトには全て著作権があります

違法コピーソフトの持込・使用は発覚する場合が多く、正当な権利者から莫大な損害賠償請求が起こされるケースがあります。社内であってもパソコン1台に1ソフトが原則です。10台のパソコンがあれば10のソフトが必要です。

5. ウィルスに注意

パソコンは会社のものです。私物ではありません。

多くの場合、ウィルスは、電子メールやインターネットを通して侵入します。ウィルスに侵入されるとデータが盗まれたり、破壊されたり、内部システムに大きな被害が発生します。場合によっては会社が倒産する事だってあり得るのです。

会社としてウィルス対策ソフトを導入していますが、パソコンの使用に当たっては十分注意する必要があります。また感染してしまったら、拡大を防ぐよう緊急に対策を打たなければなりません。

(1) 私的にゲームソフトを持ち込んで使ってはなりません。

たとえ、昼休みや時間外としても、会社のパソコンは業務用です。

ウィルスまみれのソフトなどを会社のパソコンに持ち込まれたら、全体の業務が止まってしまいます。

(2) 会社のパソコンにソフトをインストールする場合は所定の手続きがあり、勝手にソフトをインストールできません。

(3) 添付書類の授受には必ずウィルスチェックをします。

新入社員研修編－3

第27章

来客対応

お客様は用件があって訪れているわけです。大事なことは心から、「ようこそ、わが社へお出で頂きました」という気持でお迎えすることが大事です。

企業の販売高は「お客数×単価」、あなたの給料は「顧客の満足」から出ている事を忘れてはいけません。

1. 出迎えは即座に

来客に気づいたらすぐに立ち上がり、お客様に応対します。にこやかな「笑顔」と「いらっしゃいませ」「お待ちしておりました」「ようこそお出でくださいました」という一言があなたの会社の第一印象をとても良くするのです。

来客に気づいても知らない顔や、忙しいからといって目を伏せたら「訪問に気づいたのに無視された」と非常にその会社の印象が悪くなります。

忙しい時でもすぐ仕事の手を休め、自分から積極的に声をかけ、きびきびと応対しましょう。

＊ 受付から連絡を受けたら、速やかに受付に行きお客様をお迎えしましょう。

2. 面識のないお客様へは

お客様に「会社名、名前、用件、名指し人、アポイントメント（面談予約、略してアポ）のあるなしをお尋ねします。

たいていの場合は、先方が先に名刺を渡し名乗る場合が多い。また事前にアポのあるお客様の場合は、応接室や、商談室など用意してお迎えします。

アポのないお客様には「担当の者に連絡を取りますので、こちらにかけてお待ちください」と椅子を勧めます。

担当者が不在の場合や立て込んでいて時間を割けない場合は、

「代理の者に会っていただく」、

「伝言をお聞きします」、

「あいにく担当の者が外出いたしております。改めて担当の者から連絡させていただきます」と誠意を込めてお願いします。

＊「笑顔がない」忙しいからか、「言葉がそっけない」、「言われたことのみ事務的に対応」こんな応対をすれば、「冷たい会社」という印象を与えます。こうした印象は当事者だけでなく、さらに口コミで10人のお客に伝わるでしょう。

3. 来客のご案内

お客様を応接室や商談室に案内する場合、手荷物が多いような場合は、「お荷物お持ちします」と声をかけます。お客様に通路の真ん中を歩いてもらい、案内者は相手の少し斜め前、2、3歩先を歩きます。相手の歩調に合わせながら案内します。

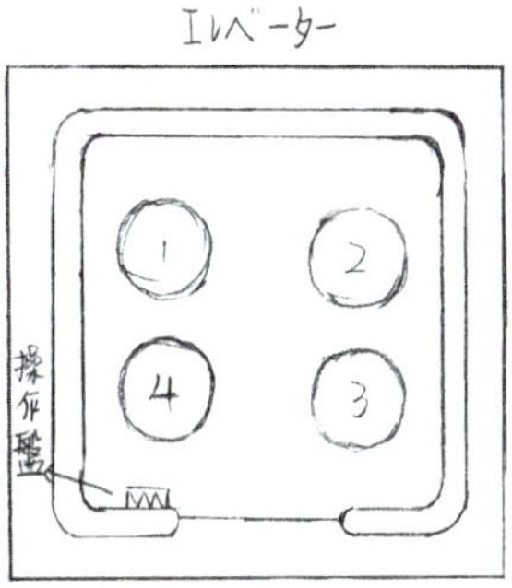

階段では手すり側を勧め、昇りはお客様を先に、くだりは自分が先に歩きます。エレベーターではボタンを押さえ先に乗ってもらい、昇降ボタンの前で「○階へ参ります」と告げます。降りる時は「どうぞ」と言って、先に降りてもらいます。

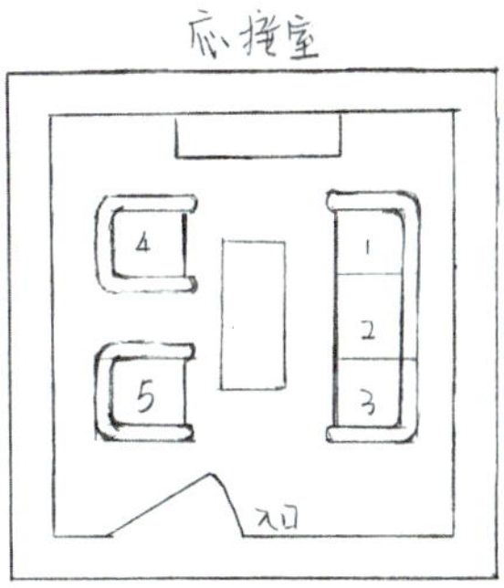

応接室や商談室ではノックをし、中に人がいないのを確かめ、内開きのドアの場合では自分が先に入りドアを押さえてお客様を迎え入れます。外開きのドアでは手前のドアを引いて、「どうぞお入りください」と言ってお客様を先に通します。

お客様に上座に座ってもらい、担当者が来るまで待ってもらいます。

4. お茶やお絞りの接待

汗をかいている夏に「お絞り」が出たら、また急な雨の時に「傘をお持ちでしょうか？」と声をかけられるとそうした心遣いにお客は感動します。

お茶は上位者から先に出します。

5. お見送りは最後まで

打ち合わせが終わり、お客様をお送りする時もきちんと最後まで見送ります。応接室では「本日はご足労頂き、誠にありがとうございました」と礼を述べます。忘れ物がないか確認し、ドアを開けお客様を先に通してから先導して歩きます。

一般的にはエレベーターや階段まで送ります。「ここで失礼させていただきます」と声をかけます。この場合でも相手の姿が見えなくなるまで、見送ります。しかし、社内の通路が複雑な場合は必ず玄関先まで見送ります。

相手が会社にとって重要な取引相手の重役の方であれば、玄関先や駐車場まで同行し、相手の車が見えなくなるまで見送ります。

6. 後片付けは迅速に

次に使う人のことを考えて迅速に灰皿、吸殻、部屋の換気、湯呑、机の上、黒板などきれいにします。またテーブル、椅子などもきちんと揃えます。

中国では往々にして、後片付けはおばさんの仕事と割り切っている社員がいますが、それは違います。自分も積極的に片付けきれいにします。自分の家に大事なお客を迎えるときは一家総出できれいにするでしょう。それと同じことです。

＊ 会社にとって非常に大事なお客様がお見えの時は、社長自ら玄関の前で出迎えるのが礼儀です。お見送りも社長自らが玄関まで見送ります。

＊ また、商談会などでは開場30分前には開催責任者が会場入り口でお客様を出迎えるのが礼儀です。お見送りも同様です。

豆知識

特(とく)に接客業(せっきゃくぎょう)では来客対応(らいきゃくたいおう)が重要(じゅうよう)です

▶>> 視点・論点～高田

お辞儀の大切さ

2007年のサッカー女子ワールドカップ、日本とドイツ戦は中国で開催されました。観客のほとんどがドイツ・チームを応援し、日本選手には冷やかなブーイングが浴びせられました。

ところが、日本チームは試合終了後、ピッチに集合して中国語・英語・日本語の3カ国語で「中国、ありがとう」と書かれた横断幕を示し、観客に対して深々とお辞儀をしました。
　このことは中国で深い反響をもたらしました。
　多くの中国人はこの情景を目にして、自分たちの応援態度を恥ずかしいと感じたのです。
　「どんな場合にでも冷静に」ということは簡単ですが、実際にそうした場面に出会うと人は感激を覚えるものです。
　ビジネスでも同じこと、例え、商談が不成立でもきちんとした挨拶とお辞儀が次回への夢をつなぐのです。

態度で示そう～相手の話を真剣に聞く

　お互い相手と話をしている時はあなたの言葉使いだけでなく、あなたの表情や態度まで重大な要素になります。相手の話をきちんと聞いていることを態度で示しましょう。

1. 姿勢を正しく

　しっかり、背筋を伸ばしましょう。
　背を丸めていると相手になんとなく消極的な印象を与えます。

2. 相手の目を見て真剣に聞く

　相手の目を見ずに話していると、自信のない、暗い印象をあたえます。
　「こんな人に仕事を依頼して大丈夫だろうか？」と思われてはいけません。
　また、あまり、見続けても息苦しいので、要点に入ったときに目を見て真剣に聞きます。

3. 相手の話にきちんと表情と態度で反応する

　うなずく、相づちを打つ等、すばやく反応することも大事です。
　きちんとあなたの話は聞いていますよ、といったサインを相手に伝えます。
　クレームの話は笑顔で聞いてはいけません。まじめな真剣な表情で話を伺います。

4. 面談時間中は携帯の電源を切っておく

相手に約束した時間は、基本的にあなたと相手の共有の面談時間です。

約束した時間内は相手との話しに集中しましょう。

会話中に携帯電話がしょっちゅう鳴るようでは、相手を軽視していることになるのです。

5. 時間内にきちんと話を終えましょう

会話中、時間がなく、腕時計をしょっちゅう見たり、そわそわした態度は禁物です。時間がないときはあらかじめお断りをし、その時間内で話を終えるように要点をまとめて話しましょう。

6. 悪い癖は日ごろからなくすように注意しましょう

腕組みはしない、腕組みは相手に威圧感を与えます。

貧乏ゆすり、手でボールペンをもてあそぶなど、相手は意外と気になるものです。

▶>> 視点・論点～高田

商談会・新製品発表会の出迎え、見送り

新製品発表会、商談会をいろいろ開催しました。

開場 30 分前までに、私は必ず今日の来客名簿を確認し、受付でお得意先を出迎えました。分公司の責任者にも同様にお出迎えするように指示をしていました。

お客様が見えるたびに来場への御礼と一言の挨拶が、親密感を増すのです。

終了後のお見送りも、玄関で最後のお客様がお帰りになるまで分公司の責任者と一緒にお見送りをしました。

中国ではえてして、開場時間が過ぎても責任者が現れません。お客が揃ったところで、開催責任者が出てきて挨拶を述べるのです。とてもお得意先重視の姿勢とはいえません。こうした会社の特長は、社員全員、みな上ばかりを見て仕事をしています。これでは顧客から見放されてしまうでしょう。

豆知識

小切手、手形の記載要件

営業や財務を志している方は是非勉強しておいてください。

小切手～地域限定小切手(支票)、全国通用小切手(匯票)の二種類。

中国では小切手や手形の不渡りに対し罰則が比較的軽いです。日本では二度不渡りを出せば銀行取引停止、社会的に倒産という厳しい処置が下されます。

中国では実際に小切手が不渡りになる場合があります。

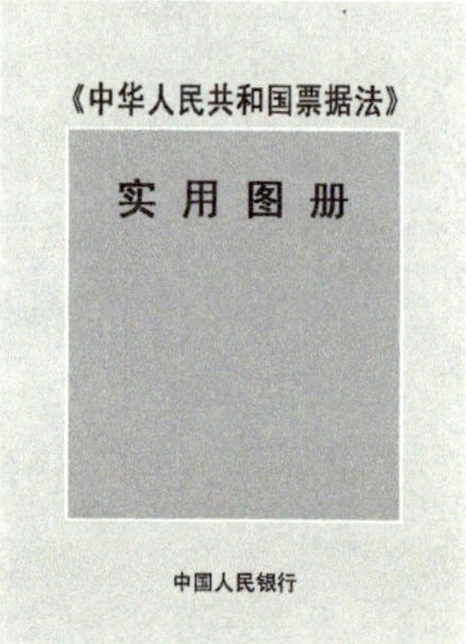

具体的には別の銀行用紙を使ったもの、意図的に記載不備にして詐欺行為をするものがあります。小切手や手形の記載については、中国人民銀行が記入例を解説した図冊を発行しています。

記載条件の不備や偽用紙による詐欺は休日に行われることが多く、財務が休んでいる時を狙って起こります。「商品を取りに来た」と言って「支票」を渡すのです。

対処法ははっきりしています。まず電話で取引先の部門経理に確認をする。「支票」は銀行に持ち込んで真贋を鑑定してもらいます。中国のいいことは、土、日いつでも銀行が開いていることです。「支票」に問題がなければ商品を出荷する。もちろん本人の身分証も確認します。

日本にも手形・小切手法があり、基本的な記載要件は同じです。

第㉘章

訪問・面談

関係先などを訪問する時は必ず、電話やメールなどでアポイントメント(面談予約、略してアポ)をとってから訪問します。また事前に用件の概略や関連資料などを送付しておけばスムーズに商談ができ、お互いに非常に効率よく仕事が進みます。

1. 訪問前の下準備

訪問先の所在地、交通機関、所要時間などをきちんと把握します。

特に地下鉄などの公共交通機関では出口の番号、東西南北、主要な目印(建物)などをチェックします。多くの会社が自社ホームページなどでこうした情報を載せていますので確認しておきます。インターネットでも調べることが可能です。

また用件の概略のほか、同行者の有無、面談所要時間などもきちんと相手に伝えます。このようにすれば、相手も用件によってそれなりの準備ができます。

名刺の点検も忘れなく行います。

用件にあわせ「提案書」「企画書」「商談書」など資料を準備します。

必要であればパワーポイントで説明資料を作ります。

特に今後発売予定の新製品情報は企業の重要な情報ですので、他社に漏れないように文書でお渡しすることはできるだけ避けます。

面談人数が多ければ先方に液晶プロジェクターの借用をお願いしても良いでしょう。

2. アポイントメント(面談予約、略してアポ)をとる

「○月○日、何時に○○○の件でお伺いしたいのですが、ご都合はよろしい

でしょうか？」

「時間は約1時間ほど、私どもの課長の○○○も同行します。」

＊ 先方に空いている日時を、二、三、挙げてもらい、調整するとお互いに決めやすくなります。

＊ 商談の場合は当然、時間が長引くことも考えられます。内容にもよりますが、約2時間程度予約します。当日、結論が出ないようであれば、後日返事をもらうようにします。

＊ 年末、年始の挨拶などはアポなしで訪問しても失礼には当たりません。しかし長居は禁物、一年間の感謝や年頭の挨拶をして、すぐに辞去するようにしましょう。

3. 受付、訪問は時間厳守

時間厳守は鉄則です。約束の時間の5分前に先方に着くにします。

コートやマフラーは玄関前でぬいでから建物に入ります。

受付では名刺を提示します。

「○○○会社の○○○と申します。お世話になっております。」

「○○○課の○○○様にお約束頂いております。お取次ぎをお願いしたいのですが…」

会社によっては面会票への記入や来客名札の着用を求められたり、セキュリティチェックなどで受付での時間が思っている以上にかかります。こうしたことが予測できる場合は10分前に先方に着くようにし、約束の時間に商談が開始できるようにします。

＊ 万が一、事故などの原因で約束時間に遅れるような事態が発生したら、その時点で先方へ連絡を入れます。

4. 商談室、応接室

応接室や商談室に通されたら下座に着きます。上座を勧められたら先方の指示に従います。

また、いつ担当者が来てもすぐに挨拶できるよう背筋を伸ばし浅めに腰掛けます。パソコンを使う場合は、電源の位置なども確認しておきましょう。

5. 名刺交換

初めてお目にかかる方がいる場合は名刺をさし出します。

基本的には訪問した側、あるいは目下の人から先に出します。また役職の上位者がいる場合は上位者から先に先方に名刺を渡します。

＊ 名刺はあらかじめ名刺入れに準備し、取り出したときに先方がそのまま見えるように入れておきます。

名刺の文字が相手から読めるように相手の胸の高さにきちんと両手で渡すのが礼儀です。名刺入れを台にして渡すのも良いでしょう。

相手から名刺を頂く時は、「頂きます」と言って両手で受けます。その時に名前や役職を確認します。

難しい名前なら、「失礼ですが、なんとお読みすれば良いのでしょう」とその場で尋ねます。

名刺はその人の分身として丁寧に取り扱います。

＊ 名刺交換の注意点、マナー違反事例

① 相手側が多数の時、お辞儀に注意します。

相手の目を見て名刺を渡しお辞儀をします。お辞儀のあとはもう一度相手の目を見てから、次の人の前にいき、きちんと挨拶します。

急ぐあまり、お辞儀のあと、もう次の人に視線が行っているようでは、「挨拶もきちんとできないやつ」と印象を悪くしますので気をつけます。

② 人数が多い場合でも、名刺を配るように渡すのはマナー違反です。

③ 名刺を座ったまま交換をしたり、机越しに行ってはいけません。

相手に近づき、立ってお渡しするのが礼儀です。

＊ 握手

原則は目上の方から握手を求められたら握手をしましょう。

相手が女性の場合は女性が求めたら握手をします。その場合、両手で握らないようにします。

6．先方との商談

お茶などが出たら「ありがとうございます」、話の最中であれば目礼します。

相手がせっかく用意してくれたものですから、きちんと頂きましょう。

また基本的に商談中は禁煙です。部屋が狭いこともあるでしょう。相手が吸わない場合自分も吸わないのがルールです。

＊ 時間オーバーはタブーです

用件は要領よくきちんと伝えます。「早速ですが…」と本題にすぐに入ります。

事前にきちんと話す内容を整理して筋道を立て話します。

また商談の結論などは最後に復唱し相互確認します。

7．辞去

用事がすんだら速やかに辞去します。

椅子席であればきちんと椅子を戻します。

「本日はご多用のところお時間を頂きありがとうございました。今後ともよろしくお願いいたします。」

きちんとお礼を述べ辞去します。受け付けた人にも挨拶して辞去します。

ご来客名札なども忘れずに返却しましょう。

コートは玄関を出てから着用します。

8．帰社後の報告

上司にきちんと商談内容を報告します。

9. 帰社後のお礼

お礼のメールを入れておきましょう。特に感謝の気持を表したい時は手紙で礼状を出します。

電話でのお礼は、わざわざ相手を電話口まで呼び出すことになるので、基本的にはメールで行います。

10. 名刺の整理

時間を見て名刺を名刺ファイル、名刺ホールダーなどを使い、きちんと整理しましょう。

▶>> 視点・論点～高田

出張報告書を先に書いておけば要点がはっきりする

出張報告書を先に書いておけば先方との商談内容がはっきりと整理できる。その項目にあわせ商談を展開し、決定した内容、変更点や留意点を修正しながら書いていく。帰社までの移動時間に修正書類を作り上げる。

こうすれば帰社後の報告もすばやくできる。

また空いた時間に、すばやく「旅費精算」もおこなってしまう。

こうしたビジネス習慣は、厳しい上司の下で培われた。その上司はどんなに遅くなっても、その日のうちに出張報告を求めた。仕事は「日々完結」である。

私は、出張前に必ず、要点を先方に連絡しておく。こうすれば相手も準備ができ、商談もスムーズに運ぶ。もちろん報告書は結論と若干の補足を入れるだけですぐにできる。あとはメールを上司に送るだけだ。

出張報告書はどうせ近々に書くものだ。先に書いておいたほうが用件を整理できて先方との話しに漏れが無い。

第㉙章

整理整頓、5S 運動

1. 自分の身の回りを整理整頓しよう

職場では机の上は自分で毎日拭き掃除をします。机の上も書類の山にならないように気をつけます。

書類の山積みして仕事をしている人がいます。「こんなに仕事をしているんだぞ」というパフォーマンスかもしれませんが、私から見たら「だらしが無い、非効率な仕事をしている人」にしか見えません。

また、引き出しや着替えロッカーの中に私物が散乱しないように注意します。必要最小限のものしかないすっきりした机は仕事の集中力を高めます。

2. 共用場所の整理整頓

さらに、郵便や社内文書などの受け渡し場所、給湯室、流し台、吸殻入れ、トイレ、ゴミ箱など共通の場所もきちんと整理された状況に保ちます。

共用の備品は使用後、速やかに元の場所に戻しておきます。

給湯室やトイレでは使う前よりきれいにする心がけが大切です。お茶の葉や、砂糖、茶碗などが乱雑になっていないか、常に気を配ります。

社内の悪口、噂話など、度を越えた「私語」は慎みましょう。誰が聞いているかも知れません。

3. ＯＡ事務機器の周辺をきちんと整理する

ＯＡ事務機器、コピー機、ＦＡＸ機、シュレッダーなどの周辺の整理整頓はもちろん、簡単なメンテナンス、紙詰まりの対処、トナーの交換、用紙の補給などは自分でできるようにします。

コピー用紙や文房具、消耗品は会社のコストとして直接利益に影響します。一人一人が意識を持って節減します。

4. 応接室、商談室は会社のＶＩＰルーム

お客様などの使用する応接室、商談室などはいつお客様がお見えになっても、気持ち良くお通しできるように気をつけて整理整頓に心がけます。

5. 情報の整理と管理～仕事のできる人は情報の管理ができています

仕事の能率向上に「5Ｓ」は絶対必要です。「書類の整理、整頓」パソコンの中、引き出しの中、書類ロッカーの中、不要な書類で一杯ではないですか？

あなたが仕事中に必要な情報や書類を捜す時間は？　一日30分とすれば一週間で2時間半、一ヶ月で10時間、1年で120時間(8時間／1日として15日間)これは決して馬鹿になりません。

6. 机をゴミ屋敷にしないために

① 紙を増やさない

② 書類を積み上げない

③ 思い切って捨てる

「使う」ものだけを保管、

「使わない」ものは即座に廃棄、

「使うかもしれない」ものは、一定期間だけ保管、期間中の使用が無ければ捨てる。

整理すれば、必要なものが明確になり、また有効に使えるスペースが生まれます。整頓すれば必要なものがどこにあり必要なものをすぐに取り出すことができます。こうすれば仕事の能率も向上し、何をすればよいかが明確になり、探し物をする無駄な時間が無くなります。実際に実践し、習慣にすることが求められます。

豆知識

「ナレムコ」の法則

米国のナレムコ(NAREMCO：National Records Management Council)が行った調査統計

これによれば、オフィスワーカーが仕事で使う書類の99%は一年以内に作成、収集したものです。

＊ 調査した結果、このようなことが分かりました。書類に日付を入れておけば、一年後に残る書類はほとんどありません。

7. 整理・管理のポイント

(1) 誰にでも分かるように整理する

情報は個人ではなく会社のもの、職場で共有するものです。あなたが出張中や、休暇で休んだ時に、他の人が見て容易に探し出せるようにファイル管理する必要があります。

また会社での文書の基本フォーマットはA4で統一している会社が大半です。書類を作る時からこのことを意識して作成する必要があります。

また、最初から保管期限を明確にすることも考えられます。

管理ルールを決めたらそれをみんなで遵守する必要があるのです。

(2) 書類は立てて管理する

当面、必要とされる問題の書類だけを一件ごとにクリアファイルにはさみこみ、大分類のボックスに入れ管理する。問題が解決すればデータファイルのみ残し、書類は処分するという方法もある。

クリアファイルには挟み込まれる書類の枚数が限定され、日常整理される。

書類を山積みにすれば下のほうからは取り出せない。

(3) パソコン内の情報の整理もきちんと分類しきれいに階層を作って管理しましょう

重要な情報でセキュリティロックをかけなければいけないものもあるはずです。

参考：ファイリングデザイナー検定試験(社団法人日本経営協会)

http://www.noma.or.jp/kentei/filing/index.html

仕事に必要な情報、書類が即座に取り出せるようなファイリングシステムの検定試験です。

5S 運動が会社を強くする

5S：「整理(Seiri)」「整頓(Seiton)」「清掃(Seisou)」「清潔(Seiketsu)」「躾(Sitsuke)」の頭文字「5つのＳ」から「5Ｓ運動」と名づけられています。

もともと日本で生まれた概念ですが、世界的にも浸透し始めています。

この運動は職場環境の美化にとどまらず、社員のモラル向上、業務の効率化、職場の安全性の向上、さらには生産性の向上やコスト削減効果など多くの効果があります。

整理：必要なものと不必要のものを分け、不用なものを捨てること

整頓：決められたものを、決められた場所のおき、必要な時に、必要なものを、必要なだけ誰もがすぐに取り出せるようにすること

清掃：掃除をし、ゴミやチリ、ホコリ、汚れの無いきれいな職場環境にすること

清潔：整理、整頓、掃除をしっかり行い、維持すること

躾　：社会人としてのマナーをきちんと実行できるように習慣づけること

事例1：生産活動の現場から「商品の即納率の向上」ができた

お客様の目から見て、必要な時に、必要なものを、必要なだけ注文ができ、しかも即納できるようにする。お客様の視点に立ったPULL型生産は完成品在庫と部品在庫を持ち、売れた情報に基づいて完成品在庫を補充する生産システムである。

生産に使用した部品の情報に基づいて部品加工、部品調達を行う。こうした改革で生産指示から出荷までのリードタイムが短縮化でき、欠品率が5%から、0.2%に低下した。(販売機会の損失が低下できた)

こうした活動も、在庫の整理整頓の5S運動が引き起こした改善なのである。

事例2：5Sが会社を救った

無駄なものを一切捨てることにより、生産現場がすっきりと整理整頓され、作業環境が抜群に改善された。また工具類を定位置、定量、定方向にすっきりと収納、加工に使う0.1mm単位のドリルの整理ボックス作成。

こうした努力により、工具を探す時間が大幅にカットでき、生産性の向上と社員モラルの向上があり、社員の定着率も向上、経営は黒字化した。

事例3：ペーパーレスでの商談が可能になった

事務所の5S活動で、商談室の不用な装飾を一切取り払い、「新製品」の現物展示、パワーポイントでの新製品紹介、基本的な商品契約、商談合同書、商品の品番別検討・発注などをすべてペーパーレスで協議することができた。

合意できた文書はその場でプリントアウトし、相互に責任者がサインを行った。

また、使用後はすぐにお茶や灰皿をきれいに片付け、椅子をきちんと元に戻

し、黒板(こくばん)も全(すべ)てきれいに拭(ふ)き、次(つぎ)の来客(らいきゃく)にいつでも対応(たいおう)ができるようになった。

▶>> 視点・論点～顧春

勝負の神様は細部に宿る

TPMは日本の生産部門で大きな脚光を浴びています。

TPM（Total Productive Maintenance「全員参加の生産保全」）は、社団法人日本プラントメンテナンス協会によって提唱されました。

TPMとは「生産システム効率化の極限追求（総合的効率化）をする企業体質づくりを目標に、生産システムのライフサイクル全体を対象とした「災害ゼロ・不良ゼロ・故障ゼロ」などあらゆるロスを未然防止する仕組みを現場現物で構築することです。生産部門をはじめ、開発・営業・管理などのあらゆる部門にわたってトップから第一線従業員にいたるまで全員が参加し、重複小集団活動により、ロス・ゼロを達成すること」をいうのです。

TPMの狙いは大別して、下記の２点です。

（1）人・機械・システムを持っている力の極限まで高めること

（2）現場の体質改善をすること

中国で最初にTPMを実施した工場のことです。TPMの専門家は整理・整頓・清掃・清潔・しつけという細かな作業から始めました。すみずみまで整理・整頓・清掃することで、設備の劣化や不具合点などを発見でき、事故発生を未然に防ぎ、設備を休まずに動かすことにつながっていきます。

また、5Sの中で、必要なものを必要場所に置くということは、物がなくなったら、何が、誰に使われているのか、すぐ分るし、不用なものを捨てることによって、できるだけ作業しやすい環境を作ることにもできるのです。ここで、最も気をつけなければならないのは、道具は使う場所の近くに置くことです。取りに行くのは面倒くさいから使うのをやめるのは、事故を起こす源です。とは言いながらも、社員の権限は限られているので、マネージャーや会社の責任者もちゃんと責任を持って、作業しやすい環境を作ることを念頭に入れなければならないのです。

視点・論点～高田

徹底した５Ｓ運動の展開

5S 運動の展開には社員と一体になった組織的な取り組みが実際には必要です。社内プロジェクトを作り、私は彼らを権威付け、率先して実行し、後押ししました。

① 会議室や応接室の使用ルールを定めた。使用後、きちんと椅子やテーブルを直し、白板をきれいにし、灰皿、茶碗等を流しに持っていくのです。

当たり前といえば当たり前ですが、中国では大卒社員はやりたがりません。阿姨（おばさん）の仕事だという感覚なのです。

先に片付けても後に片付けても、片付ける回数は同じです。でもお客が商談室に入ってきた時の印象はまるで違います。お客様をきちんと迎えるのは我々の仕事です。このルールを守らない者は会議室の使用を禁止するだけです。

② 壁に飾っている不用な中国絵画や装飾品を全て取り払らい、会議や商談の時に液晶プロジェクターで説明できるようにしました。

③ 商談はできるだけペーパーレスにしました。

ある量販店の総経理との商談時、実際に行った。商品数量品番をいろいろ調整し、リベートや回収条件を検討し、最後にプリントアウトしてお互いにサインしました。これを機会にきっちりとした商談ができるようになりました。

スタッフは以降の商談をほとんどペーパーレスで、まとめる事ができるようになりました。

第30章

仕事の進め方～段取り

同じ仕事でも、人により仕事の進め方も、成果も異なります。そこにはいろいろな要素があります。では、新人のあなたはどのように仕事に取り組んだら良いのでしょうか。

「仕事の成果＝専門知識×段取り力×実行への強い意志」なのです。

1. 積極的に挑戦する

新人のあなたにとって、毎日が勉強ですが、その中で仕事への積極性が重要になります。積極的に仕事を進めることで、成功もし、失敗もします。そうして現場での専門知識がどんどん身についていくのです。積極的に取り組むあなたには周囲の先輩もきっと応援してくれるでしょう。

失敗を恐れ、仕事に対し消極的では進歩がありません。

2.「P(Plan)－D(Do)－C(Check)－A(Action)」

計画、実行、成果の確認・評価、処置改善のサイクルで考える。

会社にはきちんとした計画、事業計画があります。全体目標が部門ごとに細分化され、月々の計画になっています。あなたに与えられた仕事もこうした計画の一部なのです。

成果が上がっても、失敗しても、何が原因だったのかきちんと反省し、次の成長につなげていくのです。

3. 仕事の優先順位を考える

仕事はその緊急度、重要度によって整理します。もちろん期日の迫った仕事やお客様に直接関係する仕事が優先されます。こうした考え方に基づき、時間配分を考えます。慣れてくれば、それがどれくらいの時間量の仕事なのか、分かってきます。

また優先される問題、課題を明確にすることで、具体的な解決の手順がはっきりします。

4. 翌日の仕事の計画を立ててから退社する

翌日出社と同時にすぐに時間を有効に使うことができます。この習慣が身についてくると、週末には、翌週の仕事の計画が立てられるようになります。月末には今月の反省と来月の計画(修正計画)が立てられるようになります。さらには一年単位で予定が立てられ、自己の成長がはっきりと分かります。

5. 常に「問題意識」を持つ

時代はどんどん変わっていきます。変わっていく時代には今までと違ったやり方も必要なのです。従来のやり方に固執せず、新しいやり方をやるには勇気が必要です。常に、問題意識を持って仕事を見つめることが大切なのです。

▶▷▷ 視点・論点～高田

「挑戦計画」と評価

毎年、期首には分公司責任者、部門責任者、担当者それぞれに具体的な目標を明確にした「挑戦計画」を作成させます。

特に、幹部社員の育成には明確な目標管理と成果主義が会社にとっても、本人の育成にとっても重要な役割を果たします。

特に分公司責任者には「営業」だけの販売・回収といった観点だけでなく「経営」の観点から、販売促進費用管理、債権滞留日数(不良債権取組み)、在庫日数(不良品在庫)、物流費用、人件費率、収益目標、社員育成といった経営項目も期首に具体的に目標数値を設定するのです。

そして毎月、毎月 P－D－C－Aのサイクルを回していきます。毎月々の月末、部門責任者より必ずこの数値に基づく報告させます。どんなに帰宅が遅くなっても終了するまで続けます。

こうしたことが幹部人材育成のポイントなのです。

またこうすることによって幹部の業績評価が具体的数値でしかも公平に透明性をもってきちんとできるようになります。

正しい評価・処遇がなければ優秀な社員は辞めていき、能力の無い社員が居座ることになるのです。

「段取り力」を身につける

仕事の先を読み、スムーズに仕事が進むように前もって準備することを「段取り」といいます。日本には「段取り八分」という言い方があり、「段取りがしっかりできれば仕事の80%は完成したようなものだ」ということです。いかに効率よく成果を挙げるか、それには関係先も含めて事前の「段取り」が重要なのです。

1. 仕事のかかわり、関連項目など全体像をラフに描き出す

ラフで良い、いかに目に見える形に描き出せるかがポイントです。最初から「完璧」を求めないことも大切です。

複雑な仕事でもまず「ラフスケッチ」を作ります。一枚の紙に関連項目などを書き出し、全体の関連付けをチェックします。漏れが無いかチェックします。

2. ラフスケッチができたら、部門別や項目別の整理、図式化する

3. 項目別に手順とスケジュールを明確にする

それぞれのスケジュールは完成日から逆算し設定します。

プロジェクトなど複雑な仕事は、まず全体を見える形に書き出し、「仕事の進行表」を作成します。

全体像を自分で目に見える形で描けるかどうかが「段取り」のポイントです。仕事にかかわる全体像が見えなければ段取りができません。特に会社では完成

日やイベント開催日などが明確に指示されており、逆算して個々の仕事をきちんと仕上げなければ全体が遅れてしまいます。

全体の大きなスケジュールにあわせて、項目別に分け具体的作業のスケジュール表を作ります。この「仕事の進行表」に基づき進行状況を確実にチェックします。

視点・論点～顧春

日本の職場では、よく「はたらく」を「はたをらくにする」というように言います。「はたをらく」とは、「傍を楽にする」ことで、働いたら、その結果、傍の人(周りの人)が“らく(楽)”になるのです。

一人ひとりの社員は、自分の仕事が早く終わったら、周りの人の仕事を手伝い、気付いた課題をどのように改善したらもっとやりやすくなるかを考え、工夫することが大切です。

一方、責任者は、単に「仕事を押し付ける」のでなく、社員がなぜ仕事がしにくいか、何に困っているかを考え、やりやすい仕事環境を作らなければなりません。

もちろん、あまり真面目にやり過ぎると、「かえって迷惑だよ」、「周りとの和を保てよ」などと責められたり、一生懸命頑張る人に仕事が集中したり、汗を流し努力した人が正当に報われないことがあるのも現実です。

しかし、神様は必ず見ています。自分の人生は自分の力で豊かにしていくしかないのです。仕事に夢を持ち、自分を信じ、努力を継続してください。

第31章

会議

会社内部では実に多くの会議が開催されています。「多くの関係者が集まりお互いの経験や知識から意見を出し合い、衆知を集めた討議、意思決定をはかる」というのが会議の目的です。

1. 会議の種類

(1) 情報連絡会議

朝の簡単なミーティングや、それぞれの部課が週の予定や報告を行う早朝連絡会議などのお互いの情報連絡会議

(2) 月例会議

部門責任者が毎月集まって開く月例責任者会議、月例労使協議会

(3) 職種ごとに行う営業会議、財務会議、人事会議、知識財産会議、サービス会議

(4) 特定の事項を推進・検討する会議

プロジェクト会議、不良債権回収検討会、新規海外工場検討会議

(5) 経営の方向付けと意思統一の会議

取締役会、経営の方向を決める経営責任者会議、方針を全員に徹底する方針発表会

(6) 株主総会

2. 会議への参加

(1) メンバー全員が集まっての会議ですから遅れるわけには行きません。会議に出席する時は、自分の位置を確認して、早めに席に着きましょう。会

議室は出入り口に近いほうが下座です。

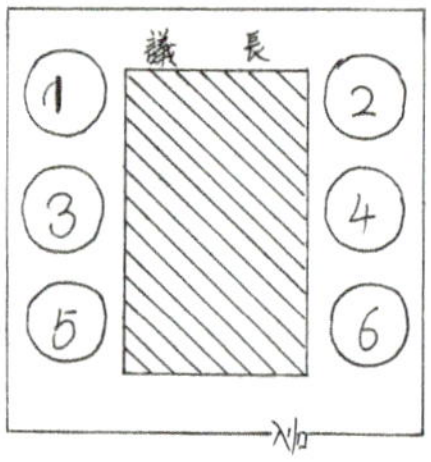

（2）事前検討をしっかりする

多くの人の前で自分の意見を述べることはやはり事前にしっかり内容を検討しておく必要があります。

会議の案内には通常日時、会場、議題が明示されています。議題について自分なりのきちんとした意見を述べられるように自分なりの資料をまとめ、自分の意見をしっかり持って参加しましょう。

（3）議長の会議進行に合わせる

的外れな発言は避けましょう。また会議中、私語は慎むのがマナーです。議長から発言を求められることもあります。会議の流れの中で自分の意見を述べます。

（4）他の人の発言内容はしっかり聞く

（5）メモをきちんととる

（6）注意事項

会議中は携帯電話の電源を切っておきます。

会議の効率を上げる工夫を

会議は内容をきちんと討議して結論を出していくものです。中にはだらだらと、ただ時間の無駄使いのような会議も見かけられます。こうした原因は、やはり会議主催者が時間効率をきちんと上げる意識が不足している場合が多いことと、また会議出席者の事前検討不足から起こるものです。

多くの人間を集めて、時間を浪費しないためにはそれなりの対策が必要です。

1. 会議の案内メール

きちんと、議題の内容をはっきり参加者に明示する必要があります。

単に「○○○の件」と表示するだけでなく、「○○○の議決の件」、「○○○案件の具体的検討、意見聴取」として会議内容をはっきり明示した方が、参加者の心構えが違ってきます。

2. 会議資料の事前配布

当日に会議資料を渡すのではなく、二、三日前に会議参加者にメールで会議資料を送れば、事前に検討内容を具体的にはっきりさせることができます。会議の内容も充実し、所要時間も短縮できます。さらに、この効果はペーパーレスでも会議ができることになります。

また内容によっては、参加者は自分の意見ばかりでなく、部、課の意見を聴取し、集約して会議に臨むこともできます。

3. 会議参加者に開催前日に「前日メール」を送る

参加者の事前準備の確認、心構えの注意喚起が目的です。

4. 議事録は会議中に作ってしまう

会議の中でパソコン、液晶プロジェクターを使い議事録を作ってしまいます。発言者の意見も、結論もはっきり明示できます。

第32章

自己啓発

時代とともに多くものが変化していきます。ビジネス社会でもこうした変化に対応できる会社や、社員が生き残っていくのです。

ビジネス社会は「適者生存」の世界です。時代・環境の変化に応じて自分の能力を発展させていかなければなりません。会社に入っても常に学習し続けることが求められています。

1. 自ら考える習慣を身につける

新入社員のうちはいろいろ先輩、同僚に教えてもらいます。でも3ヶ月ほど経てば職場や仕事のルールにも慣れてきます。

こうした時に、「どうしましょう？」とばかり聞いていたのでは自分で考える力が全く身につきません。

「私はこのようにしたいのですが、これでよろしいでしょうか？」と助言を求めるようにします。自分自身で調べ、考えることで、仕事の仕方がグッと身につくようになります。

2. 苦手なことを克服しよう

人にはいろいろ不得手なことがあります。「多くの人の前で話がなかなかできない」、「知らない人と話すのが苦手」などいろいろありますが、仕事の中ではどうしてもこのような事態が起こります。

こうしたことが上手にこなしている先輩や同僚がいます。彼らも最初から上手ではなかったと思います。でもそれを克服したのです。

彼らは話をする前に、論点を整理し、話をきちんと「起承転結」で組み立てているはずです。また、知らない人と話すことの上手な人は意外と「聞き上手」かもしれません。

3. 新しいことに常に積極的に挑戦する意欲を持とう

時代は常に変化しています。会社の中では常に未経験の新しい問題が発生し、日々対処しています。

社員の中でも成長路線に乗る社員は問題から決して逃げません。積極的に未体験の問題に取り組み、達成し、自信を深め、仕事に喜びを感じています。こうしたことで、さらに新しい問題に挑戦していくのです。

悪性循環に陥る社員は未体験の問題を回避します。上司や、同僚に問題を振ります。成功体験が無いために、常に自信がありません。こうしたことで周囲の評価も下がり、意欲を無くしていくのです。

4. 自分を伸ばすのは自分

自分の能力を伸ばすのは、「自分がいかに仕事に取り組むか」にかかっています。

結局、「自分の能力を伸ばすのは自分しかいない」と思い、取り組むことです。

自分の持てる能力の1.5倍の仕事に挑戦していく積極性が能力を伸ばすのです。問題から逃げてばかりいたら成長はありません。物の見方・考え方が変わったとき、仕事のやり方や意識が変わった時、大きく能力が高まるのです。

5. 自分の担当する仕事で解決しなければならない問題を明確にする

今、「自分の担当する仕事で解決しなければならない問題はなんですか?」とあなたに聞きます。

(1) 答えることができない人

(2) 会社全般の問題を言う人

(3) 抽象的な言葉でしか言えない人

＊ こうした人には昇格のチャンスは全くありません。

(4) 自分の担当領域の問題を原因や背景を含め具体的に明確に述べることができる人

(5) さらに問題解決の決意、将来発生する問題まで予測できている人

＊ このような社員だけが昇格のチャンスがあり、さらに大きな仕事が任され伸びていくのです。また仕事も面白く感じ、自己実現していくのです。

視点・論点～高田

部門責任者の意識改革と成長

部門責任者には月末に退社する前、必ずその月の仕事の報告と、翌月の取組みを報告してから帰宅するように指示した。

月末最終日、私は午後からこの報告を聞くために時間を空けてある。

私の手元にはその課の問題点だけ書いた紙がある。報告がなければ指摘し、翌月の行動計画に入れさせた。報告に来るのが遅ければ、深夜になってもかまわない。決めたことは徹して行う。問題と責任を明確にすることが解決につながるのだ。

毎月末、責任者の月次報告により幹部の意識がみるみる変わっていった。

同時に彼らも仕事に生きがいと誇りを持ち始めたのである。責任者の業績評価もはっきりと具体的にできるのだ。

会社と社員の関係は「Win－Win」関係

自分を「独立した個人」と考え、常に、自己の実力を磨き、会社と自分の関係は「Win－Win」の関係にすることで将来の自分を切り開きます。

「Win－Win」関係とは会社と社員が相互に利益を得、円満な関係で相互に良い結果を得ることなのです。

現在の企業関係は、国際的な状況変化の影響を常に受けています。いつあなたの会社を世界的な不況やリストラの嵐が襲ってくるかもしれないのです。利益を上げ、好調と思えた世界的に有名な会社でもリストラを実行しなければ存続できない危機に陥るかもしれません。

そんな時に会社と「Win－Win」関係にある社員は容易にリストラされません。

2008年に施行された「労働契約法」だけが頼りで、会社にぶら下がっている社員は真っ先にリストラ対象になるのです。

また、「Win－Win」関係にある社員は彼の実力を認めている関係先がこうした機会に転職を勧めてくるかもしれません。

視点・論点～高田

社員の労働契約更改と生存競争

2008年労働契約法の施行前の2007年、大きなIT企業が一斉に社員の労働契約を解除して、大きな問題になりました。この問題を別の視点から見ることが大事です。

IT技術は年々革新的に発展しています。もし10年前に会社に入り、その間、自己啓発をしていなければ、今年入ってくる新入社員より技術力が格段に落ちています。こんな社員は会社では不用な人間になってしまっているのです。

今、人気がある仕事は当然就職してくる人間も多くなるし、会社もどんどん起業されて数も増えてきます。企業間競争も激しい世界なのです。淘汰されるIT企業も増えてきます。IT技術者ばかりでなくIT企業にとってもそれは厳しい生存競争社会なのです。

視点・論点～高田

我有一个梦想

这次应邀来日照当老师，使我觉得民间交流很有意义。

大多数学生没见过日本人，他们对“日本人”的印象是战争电影中的“日本鬼子”“小日本”，他们留一撮小胡子、大摇大摆地走路、虐待中国人民，令人厌恶！而对日本是个“经济和科学技术发达的国家”的印象也是通过日本动画片、电视剧、现代音乐和日本电器形成的。

抛开政治立场，通过民间的、个人与个人间的交流，使心与心相通，改变中国人对“旧日本人”的印象，重新认识“新日本人”，这正是友好交流的第一步。

我有一个梦想，希望无需“中日友好”口号时代的到来，就可以实现中日人民的世代友好。需要口号就是中日友好还没真正实现的象征。

後書

この本の原稿をもとに、実際、大学の教育現場で「日本企業文化とビジネスマナー」を学生たちに教えました。授業のなかで学生たちの理解が難しいところは分かりやすく書き改めました。さらに学生から要望の出た就職に関するところは就職難の現実を踏まえ、詳しく述べるようにしました。こうしたことによってこの本はさらに一層、中国の教育現場に合ったものになったと確信いたしております。

数多くの事例は実際のビジネス現場で起こったことであり、分かりやすく、実社会ですぐに応用できると大変好評でした。

また執筆して良かったところは、なんと言ってもお互いのビジネス・文化をよく知っている中国人と日本人の共著である点です。単なる日本語からの翻訳では文化や歴史背景が異なる中国では理解が容易ではありません。共著によってのみ解決できるものです。

この本は企業への就職、特に日系企業への就職を考えている中国人にとって、日本の企業文化とビジネスマナーの習得に大いに役立つものとなるに違いありません。また日本企業との取引関係のある方々にとっても、きっとビジネス文化の理解に役立つでしょう。

この本によって、そうした方々や中国青少年の教育に貢献できるところは無上の喜びです。さらに日本の企業文化を伝えることによって中日友好にいささかなりとも貢献できたと考えています。

この本の執筆にあたっては、多くの方々から貴重なご意見やご協力をいただき、感謝に耐えません。今後とも多方面にわたり、ご意見をお聞かせいただければ幸いです。

高田　拓　顧　春

2013年6月6日

高田　拓（たかだ　ひらく）

1967年　福島大学　経済学部卒業、松下電器産業(株)入社
1985年　岐阜ナショナル家電販売(株)常務
1997年　松下電器(中国)有限公司、(北京)北部地区総代表(黄河流域以北)、(上海)華東華中地区総代表
2002年　松下電器産業(株)退社、(株)エクセルインターナショナル　顧問
2009年　山東外国語職業学院　教授　中央大学ビジネススクール実務家招聘講師
2012年　曲阜師範大学　客員教授　山東省から斉魯友誼奨を受賞
2013年　山東軽工業学院　客員教授

活動紹介

(中国の各大学での活動)

1. 山東外国語職業学院、曲阜師範大学、山東軽工業学院で、日本ビジネスマナーを中心に中国大学生の教育にあたる
2. 「企業の求める人材・就職活動」セミナー開催
   山東軽工業学院、中国海洋大学、曲阜師範大学、北京工業大学、大連外国語学院、山東外国語職業学院

(企業の中国赴任者研修)

積水化学工業(株)、三洋化成工業(株)、富士電機(株)、オムロン(株)、アイダエンジニアリング(株)、三菱重工(株)、ヤマハ発動機(株)、Panasonic(株)

(中国関連ビジネスセミナー)

日本生産性本部、中央大学MBA、愛知工業大学、福島大学、愛知大学、商工会議所(福島、神戸、福井、浜松)、三菱東京UFJ銀行、…

(中国進出企業の現地個別相談・研修)

阿基里斯(上海)国際貿易有限公司、喜開理機器(上海)有限公司、上海石田電子衡器有限公司

(出版)

『今、あなたが中国行きを命じられたら(改訂版)』(株)BKC

顧　春（Gu Chun）

2000年　北京第二外国語学院日本語学部　卒業
2003年　名古屋大学文学研究科　修士終了
2004年　北京工業大学外国語学院日本語学部　教師